杨文芳 ◎ 著

承接国际外包对中国经济效应的实证研究

中国财经出版传媒集团
经济科学出版社
Economic Science Press

图书在版编目（CIP）数据

承接国际外包对中国经济效应的实证研究 / 杨文芳著. —北京：经济科学出版社，2021.11

ISBN 978-7-5218-2545-9

Ⅰ.①承… Ⅱ.①杨… Ⅲ.①对外承包-影响-产业结构升级-研究-中国 Ⅳ.①F269.24

中国版本图书馆 CIP 数据核字（2021）第 087865 号

责任编辑：王柳松
责任校对：李　建
责任印制：王世伟

承接国际外包对中国经济效应的实证研究
杨文芳　著
经济科学出版社出版、发行　新华书店经销
社址：北京市海淀区阜成路甲 28 号　邮编：100142
总编部电话：010-88191217　发行部电话：010-88191522
网址：www.esp.com.cn
电子邮箱：esp@esp.com.cn
天猫网店：经济科学出版社旗舰店
网址：http://jjkxcbs.tmall.com
北京季蜂印刷有限公司印装
710×1000　16 开　9.25 印张　140 000 字数
2021 年 12 月第 1 版　2021 年 12 月第 1 次印刷
ISBN 978-7-5218-2545-9　定价：49.00 元
（图书出现印装问题，本社负责调换。电话：010-88191510）

前　言

承接国际制造业外包和国际产业转移是中国加入 WTO 以来经济生活中出现的显著特征，对中国经济与社会生活产生了重大影响。如何评估、正确检验承接国际外包对中国的影响，具有很强的现实意义。本书主要侧重于从实证角度，就中国国际外包的测度与历史发展演变，承接国际外包对中国劳动需求、行业生产率和产业价值链升级的影响进行了理论研究和实证研究。

本书先对外包的定义和内涵做了辨析，并总结归纳了几种常用的测度指标。在对中国外包率的测度中，本书采用了垂直专业化指数，从承接外包的角度度量了中国的行业外包率和整体外包率，并引进外包发展指数的概念，利用迪氏加权平均指数分解方法（WMDI），将中国外包发展指数分解为出口结构效应和外包率效应，对中国外包发展的动因进行了分析。研究结果显示，中国承接国际外包整体上以物质外包为主，服务外包占比很低。不同类型行业的外包率演变趋势不同，资源密集型行业外包率、资本密集型行业外包率和技术密集型行业外包率逐年稳步提高，而劳动密集型行业的外包率逐渐下降。对中国外包发展指数波动的分解表明，资源密集型行业外包率、资本密集型行业外包率和技术密集型行业外包率的提高及后两种类型行业出口份额的增加，促进了中国外包发展指数的提高，而劳动密集型行业外包率和出口份额的下降对中国外包发展指数提高具有负面影响。

在外包生产率效应的实证中，本书采用马尔姆奎斯特（Malmquist）指数测算中国行业的全要素生产率，并将全要素生产率分解为技术进步和技术效率，再采用行业面板数据就外包的行业生产率效应进行实证分析。实证中，将外包分为物质外包和服务外包两种类型，分行业部门讨论不同类型外包对中国行业全要素生产率、技术进步和技术效率的影响。实证结果认为，自主研发是中国生产率提高的主要因素，国际外包有助于提高中国的生产率。其中，服务外包的生产率效应要大于物质外包，服务外包在促进技术进步和提高技术效率方面均有较大作用。资本投入有助于提高行业生产率，而劳动投入既不能提高技术水平，也不能促进技术进步，因而不能提高生产率。

在外包的劳动需求效应研究中，先就外包影响劳动需求进行了理论分析，再采用行业面板数据，就外包的行业劳动需求效应进行了实证研究。实证中，本书从承接外包的角度，就外包的劳动需求效应提出假设，并采用标准劳动需求方程模型，基于2002～2007年中国的25个制造业行业面板数据，实证考察了承接国际外包对中国劳动需求的总量效应和结构效应。研究结论显示，中国承接国际外包促进了劳动需求总量的增长，但其对不同行业的影响程度表现出很大差异。劳动密集型产业、高技术产业和出口导向型产业承接国际外包，对中国劳动需求的增长具有积极的促进作用，而承接资本密集型行业和进口替代型行业的国际外包对劳动需求的增长存在负面效应。

在外包对中国产业结构升级的影响研究中，首先，介绍了产业升级的含义和层次，产业升级共分为工序升级、价值链升级和产业链升级三个层次；其次，以案例分析方法说明就外包对中国产业三个层次升级的影响做出分析；最后，就中国企业国际化道路提出了启示和政策建议。

杨文芳

2021年2月

目　录

1　绪　论 ………………………………………………………… 1
1.1　本书选题的背景和意义 ……………………………………… 1
1.2　国内外研究现状 ……………………………………………… 4
1.3　研究的基本思路与基本方法 ………………………………… 17
1.4　主要内容与本书结构 ………………………………………… 18
1.5　本书的创新点与不足之处 …………………………………… 21
2　中国承接国际外包的测度及外包发展演变 ……………………… 23
2.1　外包的定义及内涵 …………………………………………… 23
2.2　国际外包的测度指标与比较 ………………………………… 30
2.3　中国承接国际外包的测度与历史演变的实证研究 ………… 33
2.4　本章小结与政策建议 ………………………………………… 49
3　承接国际外包对中国劳动需求影响的实证分析 ………………… 52
3.1　已有文献回顾 ………………………………………………… 53
3.2　国际外包对劳动需求影响的理论分析 ……………………… 57
3.3　外包劳动需求的实证研究 …………………………………… 63
3.4　本章小结与政策启示 ………………………………………… 74
4　外包的生产率效应实证研究 ……………………………………… 77
4.1　已有文献回顾 ………………………………………………… 77
4.2　国际外包对技术溢出效应的理论分析 ……………………… 80
4.3　承接国际外包对中国生产率效应的实证研究 ……………… 91

4.4　本章小结与政策启示 …… 101

5　国际外包与中国产业结构优化升级——基于全球价值链视角 …… 103

5.1　产业升级内涵分析 …… 103

5.2　外包对产业升级影响的理论分析 …… 106

5.3　外包模式的选择与突破低端封锁 …… 110

5.4　本章小结与政策启示 …… 117

6　主要研究结论与研究展望 …… 121

6.1　主要研究结论 …… 121

6.2　研究展望 …… 122

附录 …… 124

参考文献 …… 125

1 绪 论

1.1 本书选题的背景和意义

1.1.1 本书选题背景

20 世纪下半叶以来，全球化带来的贸易壁垒下降和通信技术进步带来的通信成本下降，给国际生产分工和国际贸易带来深刻而广泛的影响。在国际生产分工方面，由产品间生产分工向产品内生产分工方向转变，主要表现为国际外包业务的兴起和制造业向发展中国家的进一步转移。在国际贸易方面，表现为中间品贸易的兴起。

产品内分工是产品间生产分工的深化和细化，扩大了比较优势和规模经济的范围。其具体表现在分工由产品层面不断向工序层面的细化和深化，产品的生产过程被拆分为不同的阶段或不同的工序，且被分散到不同的国家或地区进行，其间以跨国界的垂直贸易链相连接。在这种新的分工模式下，各国可以根据本国的要素禀赋优势、人力资本优势或技术优势分别加入原材料生产、产品研发与设计、零配件生产或整件组装等各个生产环节中去。这极大地促进了国际间的产业转移和制造业外包、服务外包等国际外包业务的迅速发展，加强了国际生产之间的紧密联系，使得各国成为全球生产网络不可分割的一部分，给各国的经济发展带来了深远影响。

改革开放以来，尤其是加入 WTO 以来，中国积极融入全球经济体系中，成为全球制造业转移和制造业外包的最大承接基地，承接国际外包对中国经济产生了广泛而深远的影响：一方面，承接国际外包和制造业转移对于中国经济发展提供了广阔的市场空间，有利于中国企业的技术升级和就业问题的解决，为经济长期，快速增长提供了强劲动力；另一方面，由于现代国际外包的兴起为发达国家的跨国公司所主导，跨国公司在外包中充分利用中国的自然资源和廉价劳动力资源的同时，也利用自己所掌握的技术优势、市场渠道资源和品牌优势，对中国企业实行技术封锁、价值链低端锁定战略和本土品牌扼杀战略，使得中国陷入“比较优势陷阱”，产业升级和企业国际化路程充满艰辛和坎坷。

二战以后的全球化，主要由美国主导，其本质是解决美国经济发展中存在的市场狭小问题及资源耗竭问题。在此背景下，20 世纪 90 年代末和 21 世纪初，国际产业大量向中国转移，中国成为承接国际外包最多的国家。同时，中国经济发展对外依赖度不断提高，外向型经济特征日益明显。发展国际外包在促进中国经济增长、融入全球价值链的同时，也应该看到对我国带来的负面影响。比如，中国经济在全球供应链中还未占主导作用，国外经济波动会影响国内经济。承接国际外包究竟对中国就业有多大促进作用？对中国企业技术进步和生产率提高有何影响？中国能否及如何突破跨国公司的技术封锁，实现本国产业升级？

对于这些问题做出研究并给出确切答案，对于中国如何继续发展国际外包和调整经济增长模式具有重要的指导意义。这也是本书研究的根本动力。

1.1.2 本书研究目的和研究意义

本书的目的，是就承接国际外包对中国劳动需求、生产率和产业升级等方面的影响做出研究，评估承接制造业国际外包对中国经济的积极影响和消极影响，指导中国企业如何发展外包业务。

从当今国际外包方兴未艾的趋势来看，研究外包对中国的经济效应无论是从理论上还是从实践上讲，均具有重要意义。

1. 理论意义

国际外包的兴起，是近期世界经济最突出的经济现象。这种现象很早就引起了经济学理论界的关注，既有研究有的从管理学角度在微观层面分析外包业务的管理和价值链的治理，而区域经济学多从中观产业集群角度研究，从宏观层面研究国际外包对一国经济效应的较少。目前的文献多以西方发达国家为研究对象，从发包方的角度研究对外发放外包对发包国的经济效应。本书试图从理论和实证上有所创新，以中国为研究对象，从承接国际外包的角度，研究承接国际外包对中国的经济效应。这对于评估发展中国家参与国际生产分工得到的利益，具有重要意义。

2. 实践意义

一国在经济全球化中的获益，不仅取决于该国参与国际生产分工的程度，更取决于该国产业在国际生产分工中的地位。从产业价值链角度来讲，一个产业可以分为产品的研发与设计、产品制造、产品销售等环节，在微笑曲线的中间制造环节附加值最低。而在微笑曲线左侧的研发环节和右侧的销售环节附加值较高。一国要在国际生产分工中处于有利位置，应该处于价值链的高端。

自加入 WTO 以来，关税进一步下降，国际产业加快向中国转移，因此，中国成为世界制造业外包最大的承接基地。我国一些地方政府受到地方 GDP 增长的激励和解决地方劳动就业的压力，在发展外向型经济和吸引外资方面存在盲目引进的情况。如在引进外资竞争过程中，通过低技术标准、低劳动保障、低环保标准等政策，获得一定比较优势，从而有陷入“比较优势”陷阱的危险。

在对外资采取大量优惠政策的背景下，中国政府对外资给予过高期望，而对本土企业发展战略的构建重视不够。实际上，形成了对资本保护过度、对劳动保护不足，对外资保护过度、对本土企业发展重视不足的局面。准确评价承接国际外包对中国的经济效应，有助于地方决策层正确处理对待发展外向经济和本土企业的关系，有助于地方政府摆正外资与劳动就业之间的关系，也有助于政府采取正确的政策措施来促进本土企业突破跨国公司的“低端封锁”，实现本土产业升级。

1.2 国内外研究现状

1.2.1 国外研究

20 世纪下半叶以来，伴随着跨国公司不断推行归核化或核心能力战略，国际外包和跨国公司直接投资都获得蓬勃发展。在宏观上表现为第三次产业转移，即制造业由日本、新加坡、韩国和西欧等发达国家向印度、中国、越南和东南亚等发展中国家转移。为了承接这次产业转移，发展中国家的一批企业成为西方发达国家中间投入品的供应商，国际贸易中中间贸易品远大于最终商品，西方国家的经济呈现制造业空心化和服务加重的现象，与此同时，西方失业率上升、劳动者收入差距扩大。发展中国家制造业得到快速发展，经济增长迅速，就业人数提高，居民收入也有所增加。经济全球化和外包的兴起，对世界各国都产生了广泛而深远的影响。研究外包对各国的经济效应，成为国际经济学者研究的焦点。从现有文献来看，主要集中于研究以下四个方面。

1. 国际外包产生的动因和影响因素

对于经济全球化和外包业务的蓬勃发展，不同学者试图找出外包发展的内在推动力。从研究视角来看，大多从微观角度来分析外包业务所带来的生产组织结构变化的原因，即找出决定跨国公司在采用直接投资垂直一体化的生产方式和国际贸易非一体化生产方式（即国际外包）

中做决策的决定因素。亨利（Henri，1998）从单个公司战略选择的角度分析外包产生的原因，将厂商的生产活动分为核心生产活动与非核心生产活动。非核心生产活动可以在公司内部进行，也可以外包给市场。而核心生产活动只能在公司内部进行，他提出了公司将非核心生产活动外包的条件，认为市场规模、交易成本和消费者口味的多样性是外包产生的原因。对于企业来说，外包可能是盈利的策略，但对于社会整体来说，并非最优。

在最初的模型中，多考虑契约的不完全性，而假设公司是同质的。格罗斯曼和赫尔普曼（Grossman and Helpman，2002）在一个一般均衡框架下分析了公司在外包和垂直一体化之间的战略抉择。其假设只有一种投入品，且所有的公司为同质的，即具有相同的生产率。该文献认为，在生产率不同的行业中，公司在国际贸易中面临着不完全合约的概率不同。这样导致有的行业采用垂直一体化的组织形式，有的行业采用国际外包方式。格罗斯曼和赫尔普曼（Grossman and Helpman，2002）主要强调行业的生产率特征引致的契约不完全性，对生产组织形式的决定作用。安瑞思（Antràs，2003）将其在贸易环境下做了扩展，忽略了契约的不完全性，而引入了企业的异质性。其模型有两个特征：其一，在垂直一体化中也存在不完全契约，尽管垂直一体化组织方式具有产权界定清晰的特点，但并不比外包方式更具优势；其二，存在两种中间投入品，其中一种只能由最终商品提供商提供，另外一种由最终商品供应商或者外部厂商提供，这两种投入品的相对强度是决定采用垂直一体化还是外包的重要决定因素，在包含仅由最终供应商供应投入品较多的部门中，采用垂直一体化生产方式，而包含另一种投入品较多的部门，则采用外包的方式。

阿尔托莫内和博纳赫（Altomonet and Bonassi，2004）构建了一个行业均衡模型，从东道国角度分析认为，东道国市场的契约完备性越好，跨国企业采取外包的可能性就越大，进入该国市场的外包企业也就越多。但是，本土承包商的利润会随着外包企业的进入而减少。安特尔斯和赫尔普曼（Antrs and Helpman，2003）在前面模型的基础上，同时考虑了契约的不完全性和公司的异质性，构建了一个南北贸易生产模型。在该模型中，外包和贸易同时存在，认为北方国家的公司存在四种战略选择：本公司垂直一体化生产、将中间产品外包给国内公司、将中间产品外包给南方国家的公司①和在南方直接投资生产。假设最终产品由北方国家的公司提供，北方国家的公司是异质的，即不同公司具有不同的生产率。其模型结论表明，在达到均衡时，南北工资差异、中间投入品的贸易成本、公司生产率差异和公司的谈判能力，均对组织形式有重要影响。总部控制力较低的公司不会采用一体化组织形式，低生产率的公司将中间产品外包给北方国家的公司，而总部控制力高的公司外包给南方国家的公司。在总部强度高的行业，可能存在这四种组织形式，在总部强度较低和生产率较高的部门进口中间投入品，在采取外包战略时，生产率较低的公司多将中间产品外包给本国公司，而生产率较高的公司将之外包给南方国家的公司。联合国工业发展组织（United Nations Industrial Development Organization，U-NIDO，2003）也指出，严格的知识产权保护制度可能会增加产品生产和技术引进的成本，并限制了当地企业在不需要自我创新的情况下取得有效技术。

埃克尔（Eckel，2005）构建了一个包含内部生产、国际贸易和外包的一般均衡模型，认为全球化既可以导致内包（insourcing），也可以导致外包，但是，如果世界市场实现一体化，则外包占主要形式。另外，凯普特（Caprneter，2005）构建了一个包含贸易成本、内生跨国公司的垄断竞争国际贸易模型，在一定程度上解释了产业内贸易和产业内外商直接投资（FDI）重叠的问题。

2. 对于劳动需求和劳动收入的影响

外包在近年来受到政界、媒体和公众的普遍关注，之所以如此，是

---

① 北方国家的公司代表发达国家的公司，南方国家的公司代表发展中国家的公司。

因为在直觉和感观上，西方公众普遍认为发达国家将制造业和一部分服务外包给发展中国家，是西方发达国家低技能劳动者失业率上升和收入降低的主要原因。众多的学者就外包的劳动需求效应和收入分配效应进行了理论分析和实证研究，得出了不同的结论。

在理论文献方面，琼斯和基尔茨科夫斯基（Jones and Kierzkowski，1990）强调与外包相关的生产服务业的重要意义，其最早建立了一个非正规的外包模型来分析外包的决定因素和调整效应。丹廷和亨特（Danthine and Hunt，1994）从理论和实证两个方面研究了国际外包和国际直接投资对东道国工资结构的影响。他们发现，产品市场一体化较高，产品市场竞争将会加剧，工资将温和增长。格拉斯和萨吉（Glass and Saggi，2001）理论上研究了外包的原因及其影响，发现国际外包降低了工人的相对工资，增加了国内利润，且激励创新创造。芬斯特拉和汉森（Feenstra and Hanson，1996）研究了外包的劳动需求效应。该文献认为，外包提高了发包国和承包国双方中高技能劳动者的相对需求和相对工资。该文献指出，外包的技能偏向性是低技能劳动者失业增加和工资降低的重要因素。阿特（Arndt，1997）在一系列文献中建立了一个包含贸易和外包的一般均衡模型，认为将部分不具有比较优势的业务外包供应商，是为了在全球市场获得更强的竞争力，国际外包提高了劳动密集型产业的相对工资，而降低了资本密集型产业的相对工资，在这种模式下，外包将减少总体福利。多尔多夫（Doardorff，2001）应用一个综合李嘉图模型和赫克斯基－俄林（Heckscher-Ohlin）模型的一般均衡模型，分析了国际外包对一国福利的影响，认为外包对福利的调整效应在很大程度上取决于分阶段生产的特性，尤其是不同生产阶段的要素密集度。国际外包既可能提高，也可能降低一国的福利，这取决于该国贸易条件的变化。该文献同时指出，国际外包是要素价格均等化的重要推动力。贝达和杜火思（Burda and Dluhosch，2002）引入规模报酬递增假设，分析了国际外包相对于传统赫克斯基－俄林模型不同的劳动调整效应。在垄断竞争市场中，国际外包在短期内类似于技能偏向性变化，提高了技能补贴。如果进入国际外包的企业增加，结果会发生变化。爱格（Egger，2003）研究了在贸易壁垒降低时，外包对低技能劳动者的影响，认为即使本国存在工会，外包也会引起高技能劳动者的相对工资降低。迪尔多夫（Deardorff，2005）构造了只有一个部门的南北生产贸易模型，南方低技能劳动力要素禀赋丰裕，而北方高技能劳动力要素禀赋相对丰富。并假设最终商品由两种不同要素需求（熟练劳动力与非熟练劳动力）活动完成。在劳动市场达到均衡时，外包会使北方低技能劳动力的工资下降到低于南方国家低技能劳动力工资的水平，若劳动要素禀赋的差异足够大，将引起专业化分工，北方高技能劳动力与低技能劳动力都有可能从外包活动中获益。

在实证方面，严（Yan，2006）使用加拿大数据显示，无论国际外包和信息通信技术（ICT），均对于增加高技能劳动者的需求发挥了重要作用。森西斯（Senses，2006）认为，国外中间投入品价格的下降将导致外包发生的可能性增加，国外投入品与国内投入品替代弹性的增加，可能增加劳动力的需求弹性。英戈（Ingo，2006）采用家庭面板数据和行业层面的微观数据，分析了国际外包如何影响个人的就业保障。聚集和潜在的内生性偏见，以及劳动者技能转换障碍会阻碍产业转移和升级，国际外包大大降低了个人的就业保障。值得注意的是，外包对高技能、劳动力中等技能、劳动力和低技能劳动者的影响并无差异，差别仅在影响失业时间的长短。

3. 外包对生产率的影响

外包对生产率影响的研究，主要从微观角度和中观角度两个方面研究外包的生产率效应。在微观上，多从发包方和承包方的纵向联系，来分析外包对企业间纵向技术溢出效应影响的渠道或路径。而在中观上，多以行业为研究层面，分析外包对发包方行业或承包方行业或企业生产率提高的促进作用。

萨吉（Saggi，2001）率先研究了上下游垂直联系对技术纵向扩散的激励问题。该文献认为，技术的上游扩散对发达国家公司有利，因为减少了上游产品供给的竞争，更有利于发达国家公司对上游投入品的控制。这种控制使得竞争对手难以进入下游产品的生产，可以有效阻止竞争对手的进入，因此，外包可以激励发达国家公司进行技术转让，有利于增强技术的上游纵向溢出效应。

戈赫（Goh，2002）在萨吉的基础上，研究上下游买卖双方通过纵向联系实行技术双向扩散的激励机制。该文献假设承包方（即上游供应商）并不是技术转让的被动接受方，为了能完全吸收利用引进的技术，上游供应商也要付出技术努力。并将公司的技术努力内生化，假设其生产成本与技术努力成反比。这样，就会对上游技术扩散存在一个反馈效应，即存在下游扩散。其结论认为，当现任供应商提高效率的成本很高时，就会对技术的上游扩散（即扩散给潜在的上游投入品生产者）有激励作用，而对下游扩散有抑制作用。因为这加剧了上游竞争和下游竞争。与此相反，现任供应商提高效率的成本很低时，就会对技术的上游扩散有抑制作用，而对下游扩散有激励作用，因为这减少了供应商的技术努力。

龙（Long，2005）构建了一个两国、两公司生产模型来分析外包对技术溢出的可能。其假设存在两个国家：母国和外国，两个公司：公司1和公司2，其中，公司1可以在国内和国外两个地方进行生产活动，其生产的产品为商品1，公司2生产商品2，且只能在国外生产，两种商品之间非完全替代。在生产达到均衡时，外包发生的前提是必须在低工资国家进行人员培训，而这种培训有助于公司战胜竞争对手。这时，外包公司的边际成本是培训成本，边际收益是在国外生产带来的成本节约，一个公司是否选择外包方式生产，需比较其边际收益与边际成本孰大孰小。

哈塔尼（Hatani，2008）则从全球价值链视角，以中国为例，分析了技术溢出效应的拦截机制，揭示了大多数发展中国家技术溢出效应不显著的结构原因，认为过度引进外资和外资结构缺陷是限制技术溢出的主要原因。

从宏观层面和中观层面分析外包的生产率效应的理论文献很少，大多数是从实证角度研究外包的生产率效应。安瑞思（Antràs，2005）认为，外包会提高整体经济的生产率。因为外包实际上是生产分工的细化和深化，一些新的企业会从旧的企业中分离出来，根据熊彼特的创造性破坏理论，这将有助于促进经济社会的生产率。在实证研究文献中，大多数从发包方的角度证实国际外包对生产率的提高有积极影响。

苏珊（Susan，2007）指出，美国国外外包的增长，可能是美国统计出现重大偏差，公司发展国际外包往往是利用国外低廉的成本优势，这种成本的节约可能已经计算在企业获得的生产率增长中了，因此，外包的生产率效应可能被夸大了。

霍尔格（Holger，2007）利用爱尔兰制造企业层面的数据研究了国际外包对生产率的影响。其将物质外包和服务投入做出区分，发现无论是本国公司还是外资公司，只要其参与国际外包，均有较高的生产率。霍尔格和奥菲（2004）利用以色列电子企业数据发现，外包的生产率效应在很大程度上与外包投入品的性质有关，即与是物质外包还是服务外包有关，服务外包的生产率效应要远大于物质外包。此外，企业的出口强度也影响外包的生产率，企业出口强度越大，外包的生产率效应也较大。阿莱西亚（Alessia，2004）利用意大利1985～1997年制造业部门数据分析物质外包和服务外包的生产率效应，其采用了三种方法度量外包，在狭义定义中，外包为同部门进口的中间投入品，在广义的定义中，外包为除了能源部门之外进口的所有投入品，服务外包定义为进口的所有商业服务和金融服务。实证结论显示，物质外包具有正显著的生产率效应，而服务外包的生产率效应并不明显，传统部门具有正的生产率效应，而新兴部门具有负的生产率效应。琳达（Linda，2008）以瑞典1997～2002年企业水平数据分析了不同来源国的物质外包、服务外包的生产率效应。其研究结果表明，物质外包和服务外包均具有很强的生产率效应，其中，对亚洲和东欧的物质外包对于瑞典企业生产率的提高作用最大，从事服务外包的企业劳动投入的生产率效应较大。福克（Falk，2008）利用 14 个经合组织（OECD）国家 1995 ~2000 年制造行业数据进行分析，分别对低收入国家和高收入国家发放外包对于全要素生产率的影响进行研究，结果发现，对低收入国家发放物质外包与全要素生产率负相关，且物质外包的生产率效应并不显著。对外发放服务外包对全要素生产率（TFP）的增长具有正效应，在选定的研究样本中，服务外包能解释全要素生产率（TFP）增长的 20%。何塞（José，2008）实证研究了从事国际外包企业和未从事国际外包企业之间的生产率差异，证明从事国际外包业务企业的生产率比未从事国际外包业务企业的生产率要高 2.5%，从而证实了安瑞思和赫普尔曼（Antràs and Helpman，2004）只有较高生产率的企业从事国际外包的命题。

4. 国际外包对产业升级的影响

从全球视角来看，国际外包的发展实际上使得所有参与国际外包的企业构成了一个全球性的生产网络。在这个全球性的生产网络中，不同企业的地位实际上有所不同。有的企业在生产网络中处于支配地位，获取了产业价值链的大部分价值。有的企业处于被支配地位，其获取的价值占产业价值链很少一部分。分析国际外包对一国产业升级影响的研究还处于起步阶段，相关文献还不是很多。波特（Porter，1990）、瑞德曼（Readman，2001）、汉弗莱和施密兹（Humphrey and Schimiz，2002）分别提出了产业升级的概念，一国可以通过创新来提高在全球价值链中的份额。汉弗莱和施密兹（2000）从全球价值链视角提出了产业升级的四种方式：工艺升级（process upgrading）、产品升级（product upgrading）、功能升级（functional upgrading）、跨产业升级（inter-sector upgrading），并认为参与原材料外包有助于促进工艺升级和产品升级，但阻碍了功能升级。2003 年，联合国工业发展组织（UNIDO）曾就汽车零部件外包对汽车产业集群升级的影响连续公布了一系列研究报告。艾丽萨（Elisa，2005）通过对拉丁美洲产业升级的研究发现，除了本土企业的垂直联系很重要之外，集群与外部的联系也很重要，购买方的购买行为也对集群的培育与升级产生重要作用。休伯特（Hubert，2007）认为，产业升级的根本动力来源于知识创新，创新创造价值。该文献通过对中国和印度参与全球生产网络进行研究认为，物质联系并没有提高中国的创新能力，但是资本积累的提高有助于中国和印度增强创新能力。

1.2.2 国内研究

1. 外包的测度

外包的测度是研究外包问题中最基础也是最重要的工作之一，中文文献采用不同方法对中国外包率进行了测算。北京大学中国经济研究中心（2006）在国内先利用胡梅尔斯（Hummels，2001）拓展的垂直专业化指数，测算了1992～2003年中国制造业部门以外包形式的贸易占总出口的比例。测算结果表明，中国制造业整体的外包率已由1992年的14%上升到2003年的21.8%。在此基础上，张小蒂和孙景蔚（2006）、宗毅君（2008）、文根伟和冼国明（2009）等采用同样方法，分别测算了中国工业行业整体垂直专业化指数或各行业垂直专业化指数。测算结果均表明，中国整体垂直专业化指数稳步上升，但各行业有差异。徐毅和张二震（2008）、王中华和代中强（2009），唐玲（2009）则利用芬斯特拉和汉森（Feenstra and Hanson，1995，1996）的测算方法，将外包率定义为进口中间投入品占总投入的比值。徐毅和张二震（2008），王中华和代中强（2009）对中国各个工业行业的外包率进行了测算，结果均认为中国各行业的外包率稳步提高。唐玲（2009）的创新之处在于，将总外包分解为物质外包和服务外包，对中国1997～2006年34个工业行业的总体外包率、服务外包率和物质外包率进行了测算，并根据不同标准将各工业行业进行分组比较。其结果也认为，中国总体外包率稳步上升，但各行业外包率差异很大。刘志彪等（2005）将进口的中间投入品占总产出的比例定义为生产非一体化指数，并对之进行了测算，测算结果表明，1997 年，中国生产非一体化指数为 0.256，2002 年达到了 0.281。唐宜红等（2006）和张秋菊（2008）则以加工贸易额占总出口额的比例作为中国承接的外包率，认为中国总体外包率不断上升。

2. 外包的劳动需求效应

国内关于外包的劳动需求效应的研究相对匮乏。国内已有研究大多从贸易角度研究贸易自由化或贸易结构变化对中国就业的影响（蒋荷新，2007；俞会新和薛敬孝，2002；胡昭玲和刘旭，2007）。实际上，贸易是国际分工的体现，从生产角度去研究更能把握其本质含义。盛斌和马涛（2008）通过实证研究考察中间品贸易对中国劳动需求的影响，认为加工贸易出口有利于扩大劳动力的需求。而张华初和李永杰（2004）和孙宇（2009）虽然从国际产业转移承接国角度分析了加工贸易和发展国际外包对中国就业的影响，但均局限于定性的策略性分析，因而其结果不具有很强的现实解释力。唐宜红和马风涛（2009）研究了国际垂直化分工对中国工业部门就业结构的影响，结果表明，国际垂直化分工促进了非熟练劳动力的相对就业，降低了熟练劳动力的相对就业。

李丹和崔日明（2018）借助多区域投入产出模型（MRIO），构建了基于增加值出口的要素收入分配模型，对劳动收入进行测算。研究结果发现，从劳动和资本两类要素整体收益来看，中国劳动要素收入不高，要素收益更多地表现为资本收益。杨飞、孙文远和余泳泽（2019）从全球价值链视角研究资本偏向性技术进步和全球价值链地位对我国技能劳动力就业变动的影响。研究表明，参与全球价值链显著提升了高、中、低技能劳动力就业。高技能劳动力就业增加的主要因素，依次是全球价值链地位提升、全球总需求增加和资本偏向性技术进步。中、低技能劳动力就业主要源于全球总需求增加和全球价值链地位提升，资本偏向性技术进步降低了中、低技能劳动力就业。闫冰倩和田开兰（2020）分析了全球产业布局演变对中国GDP和就业的影响，并分经济体、分行业深入剖析了影响的作用机理。研究表明，全球产业呈现不断转入中国的态势，对中国GDP和就业的正向贡献显著。

3. 外包的生产率效应

刘绍坚（2008）研究承接国际软件外包对中国企业的技术外溢效应，从理论上指出，中国承接国际软件外包可以通过跨国公司示范效应、产业关联效应、产业集聚效应和人员流动效应等途径来实现技术外溢。实证结果表明，中国承接国际软件外包，有助于提升本土软件承包企业的研发能力。在技术外溢的多种可能途径中，跨国公司的示范效应最显著。张秋菊和孙赫（2009）运用中国20个行业的面板数据就跨国外包对中国工业行业技术进步的影响进行了实证分析，发现跨国外包对中国工业技术进步的影响存在“门槛效应”，当行业的外包程度超过发展门槛时，外包会促进该行业的技术进步；反之，则会阻碍该行业的技术进步。中国承接国际外包的行业主要集中在资本密集型行业，且资本密集型行业外包的技术溢出效应要大于劳动密集型行业。

徐毅和张二震（2008）采用中国35个工业行业的面板数据，从对外发放外包的角度实证研究了外包对劳动生产率和就业的影响。认为外包产生了资本节约型的技术进步，故提高了企业的劳动生产率。外包在提高劳动生产率的同时，对就业并没有产生负面影响，原因是规模效应抵消了替代效应。

王中华和代中强（2009）运用中国1997年、2002年的投入产出表，分别从承接国际外包的角度计算了中国的工业行业物质外包率和服务外包率，研究不同性质的生产率效应。实证结果表明，物质外包和服务外包的承接均有助于促进中国工业行业生产率提升，但服务外包对工业行业生产率的促进作用要远远大于物品外包。

葛顺奇和罗伟（2015）分析了跨国公司进入影响工序构成的机制，构建了企业可执行多工序的全新生产函数，证明了增加值率和要素（劳动力、资本和人力资本）密集度以及工序构成的联动关系。微观计量分析表明，跨国公司进入不仅影响生产效率和产出构成等传统变量，还对制造业的工序构成产生直接影响——转移了高技能劳动力和人力资本密集度高的工序，以及间接影响——增加了资本密集度低、低技能劳动力和人力资本密集度高的企业被淘汰的相对概率，促使存续企业更专业化于资本、人力资本密集的工序，总体上提升了制造业中资本、人力资本密集型工序的份额。

4. 国际外包中中国企业的地位及外包对中国产业升级的影响研究

高越和高峰（2005）对中国在全球垂直专业化分工中的地位进行了定位为，进口半制成品并加工装配成消费品，然后出口，其主要形式是加工贸易。

对于中国在全球价值链中的地位，部分文献认为，中国处于低端锁定，并且形势还在恶化（戴翔和李洲，2017；赵桐和宋之杰，2018）。戴翔和李洲（2017）改进了现有上游度指标测度方法，利用世界投入产出数据库（WIOD）的基础数据，测算了行业上游度、出口上游度等指标，对中国产业的全球价值链分工地位演进趋势进行分解、分析和国际比较。结果表明，中国产业在全球价值链上的分工地位处于中低端，在全球价值链上的分工地位有改善趋势，这一变化主要来自制造业价值链分工地位的改善，服务业价值链分工地位仍趋于恶化。赵桐和宋之杰（2018）构建区域总产出增加值完全分解模型，从三个维度评价了中国装备制造业在双重价值链中的参与模式，在统一框架中检验了区域装备制造业在双重价值链中的地位。研究发现，中国装备制造业仍以“进口—加工—再出口”为流程的加工贸易为主嵌入全球价值链，技术密集型行业尤其明显。在国内价值链中，东部区域开始由全球价值链紧密型向国内价值链紧密型转变，总体上形成了以东部区域为主导，带动中西部区域发展的趋势，部分子行业形成了供需较为均衡的国内价值链体系。西部、东部、中部区域依次位于国内价值链的上、中、下游，但三大区域全球价值链地位指数均为负，说明我国装备制造业在全球价值链分工中仍具有低端锁定效应。任保全、刘志彪和任优生（2016）深刻剖析了全球价值链低端锁定的原因，认为内需不足和制度障碍的内生约束，以及一些地方政府对中国本土企业出口实施的各种“隐形”补贴，是导致全球价值链低端锁定的内部根源。

而另一些文献采用不同研究方法得出了不同结论。陈海波和朱华丽（2012）从外贸增长、发展动力、外贸结构和可持续发展四个方面构建中国外贸发展方式转变的评价指标体系，采用 AHP 方法对外贸发展方式转变进行实证分析。结果表明，2006 年后，外贸增长指标持续增长，发展动力指标波动明显，外贸结构指标逐年增加，可持续发展指标具有最强的持续转变趋势。文东伟（2018）利用 OECD-WTO 开发的增加值贸易数据库，基于增加值贸易核算方法进行核算和估计。研究发现，中国的国内增加值出口比率呈现先迅速下降，后缓慢上升的“V”形反转趋势。张会清和翟孝强（2017）认为，中国在全球价值链（GVC）中的国际竞争力主要体现在制造业部门，已经具备“制造强国”的基本特征，接近 GVC 的中上游位置。大多数国家都对中国市场形成了高度依赖性，同时，中国成长为全球中间品的最大供应国，在 GVC 中扮演着关键的“枢纽”角色。

在中国产业升级方面，金京、戴翔和张二震（2013）认为，中国抓住了全球要素分工带来的战略机遇，从而实现了产业发展的“开阔地式推进”乃至升级。刘斌、王杰和魏倩（2015）运用对外直接投资、世界投入产出表等数据深入分析对外直接投资的价值链升级效应，认为对外直接投资能够显著提高企业在全球价值链体系中的分工地位，促进企业产品升级和功能升级；而多分支机构和研发加工型对外直接投资更有利于企业价值链升级，投资于发达国家有利于企业产品升级，而投资于发展中国家更有利于企业功能升级。彭水军和袁凯华（2016）利用OECD-ICIO提供的投入产出数据库，基于MRIO模型测算了中国加工贸易的要素含量及其变化趋势，认为中国以制造为支撑、以服务为动力，逐步实现由哭泣曲线到微笑曲线的转型变迁。刘志彪（2019）认为，推进产业链现代化，就是要推进基础产业高级化、强化企业间技术经济联系、提高产业链与创新链、资金链和人才链嵌入的紧密度，以此构建现代产业体系。需要在产业关联、产业组织和产业结构等方面协调好产业政策与竞争政策的关系，尤其是不同所有制企业之间的产业布局关系。李建军和孙慧（2019）利用一些国家2003～2014年的面板数据，实证检验了产品内分工对发展中国家全球价值链攀升的影响及其传导机制。该文献认为，参与产品内分工对于这些国家全球价值链攀升具有显著促进作用；分阶段检验的结果表明，并非参与产品内分工就能促进发展中国家实现全球价值链攀升，其作用的发挥需要经济增长、资本积累、FDI和制度质量等相关支持性条件的协同；产品内分工主要通过经济增长、物质资本积累和FDI技术溢出效应等三种传导途径促进全球价值链攀升，同时，产品内分工也通过人力资本“挤出效应”和制度质量“弱化效应”对发展中国家全球价值链攀升形成了阻碍。

1.3 研究的基本思路与基本方法

1.3.1 研究思路

本书先对外包的概念进行辨析，然后，从理论和实证两个方面分析承接国际制造业外包对中国就业、企业生产率和产业升级的影响。最后，对中国发展国际外包的战略进行分析。

1.3.2 研究方法

在本书研究中，主要采用了以下三种方法。

（1）指数分解法，在对中国外包率进行测度时，本书采用迪氏加权平均指数分解方法（weighting mean divisia index method，WMDIM）将中国外包发展指数的变动分解为外包率效应和出口结构效应，对中国外包发展的动因进行了分析。

（2）案例分析法和归纳法相结合的方法，在分析中国克服跨国公司低端封锁，实现产业升级战略分析中，本书采用案例分析方法和归纳演绎方法来说明中国实行产业升级的策略选择。

（3）理论模型与计量实证相结合的方法，在承接国际外包对中国的劳动需求效应和生产率效应的研究中，本书采用理论模型与计量实证相结合的方法，先采用理论模型对承接国际外包对于本国经济效应进行理论分析，再采用计量实证的方法来验证理论分析。

1.4 主要内容与本书结构

1.4.1 主要内容

本书主要有 6 章内容，各章主要内容如下。

第 1 章为绪论。主要包括本书研究背景和研究意义、中外文文献研究现状、本书研究思路和研究方法、主要内容与结构、本书创新点及不足。

第 2 章为中国承接国际外包的测度及外包发展演变。本章是后面三章研究的基础，先介绍外包的概念和度量指标，将不同的指标进行比较，然后，应用测度中国国际外包的承接率，最后，采用迪氏加权平均指数分解方法分析，说明中国承接国际外包的历史演变。对中国外包率的测算表明，中国整体外包率 1995 ~ 2007 年逐年提高，以物质外包为主，服务外包占比很低。资源密集型行业外包率、资本密集型行业外包率和技术密集型行业的外包率逐年稳步提高，而劳动密集型行业的外包率逐年下降。对中国外包发展指数波动的分解表明，资源密集型行业外包率、资本密集型行业外包率和技术密集型行业外包率的提高及后两种类型行业出口份额的增加促进了中国外包发展指数的提高，而劳动密集型行业外包率和出口份额的下降对中国外包发展指数提高有负面影响。

第 3 章为承接国际外包对中国劳动需求影响的实证分析。本章先就外包影响劳动需求进行了理论分析，再采用行业面板数据就外包的行业劳动需求效应进行了实证分析。实证中，本书从承接外包角度，就外包的劳动需求效应提出假设，并采用标准劳动需求方程模型，基于中国 2002 ~ 2007 年的 25 个制造业行业面板数据，实证考察了承接国际外包对中国劳动需求的总量效应和结构效应。研究结论显示，中国承接国际外包促进了劳动需求总量的增长，但其对不同行业的影响程度表现出很大差异。劳动密集型产业、高技术产业和出口导向型产业承接国际外包对中国劳动需求的增长具有积极的促进作用，而承接资本密集型行业的国际外包和进口替代型行业的国际外包对劳动需求的增长存在负面效应。

第 4 章为外包的生产率效应的实证研究。本章先就外包影响生产率的渠道进行了理论分析，采用马尔姆奎斯特（Malmquist）指数测算中国行业的全要素生产率，并将全要素生产率分解为技术进步和技术效率，再采用行业面板数据就外包的行业生产率效应进行了实证分析。实证中，将外包分为物质外包和服务外包两种类型，分行业部门讨论不同类型外包对中国行业全要素生产率、技术进步和技术效率的影响。实证结果认为，自主研发是中国生产率提高的主要因素，国际外包有助于提高中国的生产率。其中，服务外包的生产率效应要大于物质外包，服务外包在促进技术进步和提高技术效率方面均有较大作用。资本投入有助于提高行业生产率，而劳动投入既不能提高技术水平，也不能促进技术进步，因而不能提高生产率。

第 5 章为国际外包与中国产业结构优化升级——基于全球价值链视角。本章先介绍了产业升级的含义和层次，产业升级共分为工序升级、价值链升级和产业链升级三个层次，用案例分析方法就国际外包对中国产业三个层次升级的影响做出分析，最后，就中国企业国际化道路提出启示和政策建议。

第 6 章为主要研究结论与研究展望。在前面各章分析基础上总结本书的主要结论，并对本书后续研究指出方向。

1.4.2　本书研究结构

本书研究结构，见图 1－1。

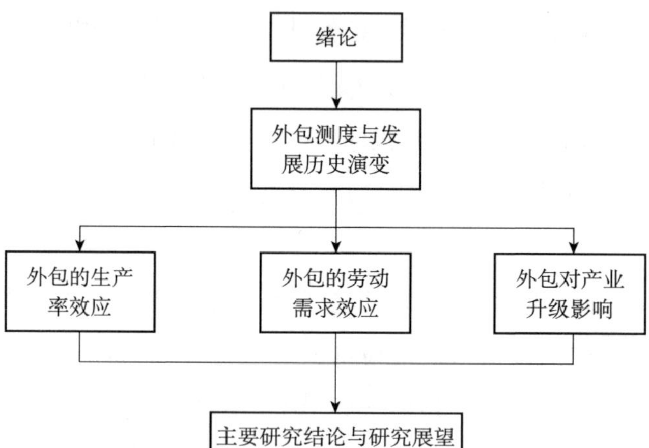

图 1－1　本书研究结构

资料来源：笔者绘制。

1.5 本书的创新点与不足之处

1.5.1 创新之处

1. 研究角度方面

已有关于外包的宏观经济效应的研究多以发达国家为研究对象，从发包国的角度研究对外发放外包对发包国的经济效应，本书以中国为研究对象，从承接外包的角度研究了国际外包的承接对中国的经济效应。

2. 理论研究方面

（1）本书提出了行业外包率和经济整体外包率两个概念，根据数学等式找出了两者之间的联系，并给出了外包发展指数的定义。

（2）本书借鉴国外模型，从理论上分析了承接国际外包对中国企业生产率和劳动需求的影响，并总结分析了承接国际外包对中国劳动需求影响的路径。

3. 实证方面

（1）利用迪氏加权平均分解指数分解方法，将外包发展指数分解为外包率效应和结构效应来分析中国外包发展的演变。

（2）在对外包的生产率效应进行实证时，采用马姆奎斯特（Malmquist）指数方法测算行业生产率，将生产率分解为技术进步和技术效率，采用行业面板数据实证外包对生产率的影响。

（3）在实证外包的劳动需求效应时，在实证方法上，采用了逐层回归方法和交叉回归方法，使得实证结论可靠。考察了不同形式的外包（物质外包和服务外包）对制造业部门劳动需求和服务业部门劳动需求的影响，并着重强调影响渠道角度和产业关联角度。

1.5.2 不足之处

由于本人学识、研究时间及研究条件限制，本书还存在以下两点不足。

（1）对理论模型的建立还与实际情况存在很大差距，不能完全适用于中国现实。

（2）本书整体联系现实不足。

2　中国承接国际外包的测度及外包发展演变

随着社会生产分工的细化和深化，企业之间的竞争越来越激烈。为了保证本企业的核心竞争力，追求更高的生产效率或搜寻更低的生产成本，专业化策略成为越来越多企业的战略选择。外包业务因而得到迅速发展，成为最时尚、最热门的经济现象。

2.1　外包的定义及内涵

2.1.1　外包的定义

外包业务的发展，是生产分工细化和深化的产物。在现代经济中，企业之间的联系越来越紧密。外包现象引起广大学者的注意。从不同层面研究外包现象，其研究目的和定义有所不同。外包最初是一个管理学概念，外包（outsourcing）是英文 outside resource using 的缩写，其直译为“外包资源利用”。管理学主要从微观层面去分析企业将部分业务外包给外界所引致的管理策略。而经济学家多从宏观层面分析一个国家或地区接受外包或发放外包所带来的资源配置效应和经济影响，多是一个地域概念，故其定义有所不同。

在管理学上，美国外包问题专家迈克尔·科伯特（Michael Corbertt）将外包定义为“大企业或其他机构将其过去自我从事的工作转移给外部供应商。”按照权威的《韦氏在线词典》（Merriam-Webster online dictionary）的定义，外包是指：“将制造活动或生产活动转包或分包给外部公司，尤其是那些外国公司或非工会公司。”《美国传承词典》（The American especially foreign）将外包定义为：“为了节省成本而从另一个供应商或厂家获得服务或产品。”曼克孜（Monczka，2005）认为，外包就是将之前由企业内部提供的生产功能或服务功能转向由外部供应者提供或向其购买。群宁和希尔默（Quninn and Hilmer，1994）、希姆斯特拉和范蒂尔堡（Hiemstra and Van Tilburg，1993）以及科普尔曼（Koppelman，1996）则更简单地认为，外包就是外部资源的利用。

2.1.2 外包的内涵分析

综上所述，我们可以归纳出管理学上关于外包定义的理解，主要有两点。

（1）侧重于生产组织模式的转变，即将生产的一部分由过去的“内部生产”进行外部化生产，即企业生产的“由内而外”问题。管理学上多注重这种外包所带来的流程管理。而经济学则将外包看作是从企业内部合约走向社会合约的过程，即重新划定市场和企业边界的“科斯问题”。无论从哪个研究角度，其内在均强调外包通过“由内而外”的转变，使原先全能企业的内置式（in house）生产过程拆分开来，加强与外界的联系。这样，外包至少发生在两个生产单位之间：一个为对外发放外包业务的单位，称之为发包方（The sourcing firm）；一个为接受外包业务的单位，称之为接包方（The contract firm）。其相互联系如图 2－1 所示。

这里需要强调的是，企业所有的“由内及外”的生产活动转移是否都是外包？卢锋认为答案是否定的，发包方发包的生产活动应该具有一定特征，即企业在保证最终产出或产出组合不变的前提条件下，将一部分投入性活动转移出去才叫外包。按照其解释，外包应该具备一个条件，即外包业务的产出对于承包方来说是产出，对于发包方来说一定是生产活动的投入要素，即外包的产出应该是中间投入品，否则，便不是外包。如 IBM 将个人电脑（PC）业务出售给联想，虽然发生了“由内到外”的转移，但不属于外包，因为 IBM 并没将 PC 产品回购当作下一步生产的投入品。这种整体转移不能称为外包。相反，如果联想将电脑生产中的某一部分零件如鼠标委托给其他企业生产，则属于外包，因为联想将之用作为最终产品的投入要素。

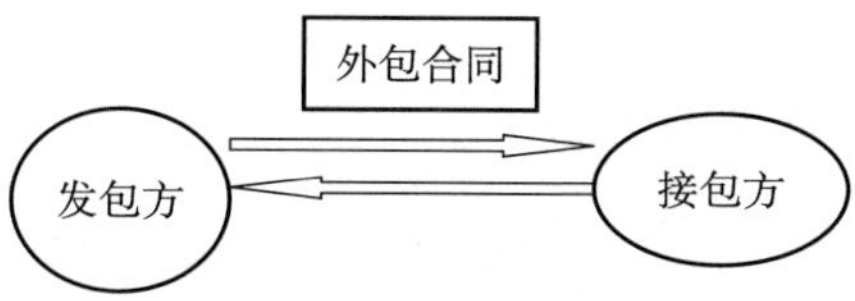

图 2－1　外包双方联系

资料来源：笔者根据外包定义绘制而得。

（2）外包内容的理解存在偏差，由上述可知，外包指企业将本来由企业内部完成的一部分生产活动转移至外部完成，那么，生产活动指的是哪些活动，其范围指哪些，对此理解的不同导致外包的内涵也有所不同。

生产活动有两种理解：狭义的生产活动和广义的生产活动。狭义的生产活动与管理学概念相近，《商务词典》中生产的定义为，“生产又称制造，指创造一个产品的工序和技术的总和”，根据此定义可知，其定义的生产与制造同义，指生产制造最终产品的加工工序和活动区段连接而成的过程。如纺织服装产品生产过程，由纺纱、织布、印染、裁剪、缝纫等主要工序组成，而每个工序又可以细分化为更细的生产工序。对生产的这一狭义理解，与日常语言中的工业或加工制造业生产比较吻合。在此概念下，外包业务仅指制造业中的某一工序由内及外的转移。

生产过程的广义理解相当于现代管理学供应链概念所包含的经济活

动，包括产品设计、制造、流通并最终达到消费者手中的整个流程。在此广义概念下，生产过程包含的环节要广一些，不仅指狭义的制造环节，还包括现代的生产服务业环节和服务业环节。在此定义下，外包不仅指制造外包，还包括服务外包。如服装品牌生产商可以将服装设计环节外包给专业的服装设计工作室，生物制药厂商将新产品的研发外包给专业的研究机构等。本书采用广义生产过程的概念，故外包包含制造外包和服务外包。

2.1.3 外包的分类

1. 按内容或经济属性划分

按内容或经济属性划分，外包可以分为制造外包和服务外包。国外也称为物质外包或服务外包。大体而言，如果外包转移和外包交易的对象属于制造加工零部件、中间产品的工序活动，或以中间品、半成品、最终产品组装为活动对象，则属于制造外包；如果外包转移对象是特定服务活动或服务流程，则属于服务外包。

上述理解建立在区分物品概念和服务概念的基础上，实际上，物品概念、服务概念的区别不像看上去那样分明。“服务或劳动（service）与物品或货物（goods）”是经济活动成果（outputs）或产出（products）的两类基本形态。我们可以根据这两个概念的定义特征进行一般性比较。货物是能满足某种需求，且能够确定其所有权的有形实体。所有权可以通过市场上的交易从一个机构转移到另一个机构。由于货物不仅可以用来满足居民或社会的需求，而且，可用于生产其他货物和服务，因此，它们是社会所需要的，有些货物可能被多次买卖，另一些货物可能从不进行交换，货物的生产可以与其随后的销售或再销售分离，是货物显著的经济特征，而服务不具有这种特征。（联合国，1993）“服务不是能够确定所有权的独立存在实体，它不能脱离生产单独地进行交易。服务是按具体要求生产的异质产出，一般是生产者按照消费者的需要进行活动而实现消费单位状况的变化。当生产完成时，它们必须已经提供给消费者。”

从以上对于货物和服务的定义中，我们发现货物和服务相比，两者存在两个不同特征。第一，货物可以单独存在，而服务不能单独存在，必须依附于一定的介质。第二，货物的生产与销售（或消费）可以分离，而服务的生产与消费不可分离，即服务的生产与消费具有同时性或即时性。这两个特征是我们划分物质外包和服务外包的重要标准。

2. 按地域范围划分

根据承包方和发包方所处空间范围的不同，外包可以分为国内外包和国际外包。以发包方和接包方所在国为界限，如果发包方与承包方是同属特定国家的企业，则外包业务在特定国家内部展开，这种外包属于国内外包或“在岸外包”（onshore outsourcing）。如果外包的发包方和承包方属于不同国家，则这类外包从发包方来看是“离岸外包”（offshore outsourcing），对于承包方来说是到岸外包（inshore outsourcing），总称国际外包。本书以国际外包为研究对象，故本书着重解释国际外包的概念。

不同学者使用不同术语来描述和称呼国际外包，除了国际外包（international outsourcing），还包括国际生产分割（international fragmentation of production）、国际生产分散化（international disintegration of production）、全球生产分享（global production sharing）、产品内分工（intra-product specialization）、价值链切片（slicing up the value chain）、垂直专业化（vertical specialization）等。与外包的生产概念相同，即指将特定产品的生产过程包含的不同生产工序和生产区段，拆散分布到不同国家进行。与外包的概念相比，国际外包更多强调承包方与发包方的区域归属，在经济学研究中，也多以区域为研究对象，分析国际外包对区域经济发展的影响。按照哈默尔·帕波（Hummel Papoport）的定义，国际外包必须满足三个条件。

（1）一种是最终产品生产过程由多个连续的、可分解的过程或环节构成；（2）至少有两个以上国家分别在产品生产过程的某一阶段从事专业化生产；（3）至少有一个国家在生产过程中使用的投入品是通过进口取得，其产出的部分产品或全部又用于出口；图 2－2 反映了外包业务的简单流程。

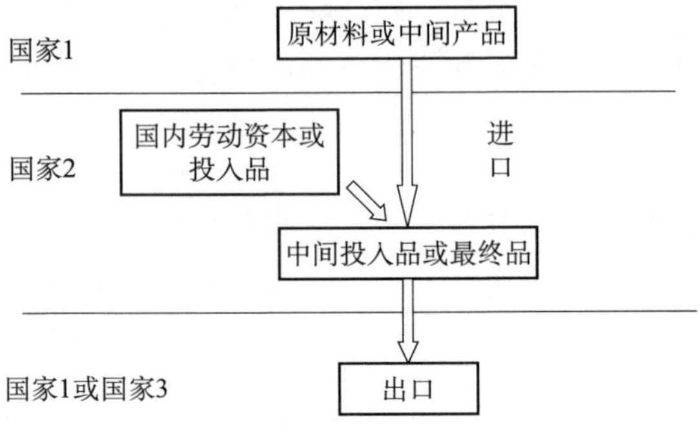

图 2－2　对国际外包的理解

资料来源：笔者绘制。

从国际外包的定义来看，其着重强调地域概念及地区之间在生产之间的联系。

胡春力认为，外包是在生产同一种产品的过程中，按照“价值链”的比较优势，从生产组织上把技术密集型工序和劳动密集型工序在空间地域上分开的分工体系。卢锋（2005）认为，外包的核心内涵是特定产品生产过程的不同工序或不同区段，通过空间分散化展开跨区的生产链条或生产体系或跨国性的生产链条或生产体系，从而使越来越多的国家或地区的企业参与特定产品不同环节或不同工序的生产。

田文（2005）认为，“产品内分工是指，特定产品生产过程中不同工序、不同区段、不同零部件在空间上分布到不同国家，每个国家专业化于产品生产价值链的特定环节进行生产的现象。”胡昭玲（2007）认为“产品内分工是指，特定产品生产过程中不同工序、不同区段、不同零部件在空间上分布到不同国家进行，并以跨国界的垂直贸易链相互连接。”

综合中外学者关于外包的定义，国际外包实际上是按照价值链的比较优势，将技术密集型工序和劳动密集型工序在空间上分布到不同的国家和地区，是一种生产工序的国际分工体系。

要准确理解国际外包概念，我们要把握以下两点。

（1）发包方和接包方在产品生产过程中参与的工序是非同质的。国际外包现象的兴起，本质上是比较优势范围在产品内分工的扩大，各国根据本国的比较优势参与特定产品的生产过程，故各国的生产工序在时间上具有连接性，在要素内涵上具有异质性。按照胡春力的分类方法，将工序阶段分为劳动密集型工序和技术密集型工序，其间具有不可替代性。一般来说，发达国家多专业化于技术密集型工序，而发展中国家多专业化于劳动密集型工序。

（2）国际外包业务会导致无论是发包国还是承接国中间产品贸易的增加。对于发包方来说，在将特定工序外包给外部企业时，会向外出口中间产品，在国外完成特定工序生产后，又会回收经过进一步加工的半成品或成品。对于发包国设计出口再进口环节。而对于接包国来说，可能会从发包方进口半成品，在投入本国国内的生产要素进行加工后，再出口。其结果便是国际间中间投入品贸易的增加。卢锋（2005）将产品分为两类：一级产品和二级产品。一级产品是能独立发挥某种消费功能或生产功能的物品；二级产品在自身形态上不具备独立的消费功能和生产功能，但是，通过组装或加工等程序能变成一级产品，通常以原生形态或转换形态构成一级产品的特定组成部分。莱美莱克森尼克（Lemoinekesenci）将产品划分为三类：第一类产品为初级产品，包括工业生产所需的农业原料（棉花木材）和工业生产所需的矿物金属能源等；第二类产品为中间产品，又可以细分为半成品及零部件；第三类产品为最终产品，可进一步分为厂商之间提供的机器设备等资本品与为家庭等提供的消费品。在这两种划分中，第二种划分方法中的初级产品，相当于卢锋（2005）的产品划分中的二级产品，而最终产品相当于其一级产品。

2.2 国际外包的测度指标与比较

2.2.1 外包测度方法与测度指标

在既有文献中，主要采用两种方法来测度一国承接国际外包的指标：一种方法是将该国的加工贸易额当作承接外包的指标；另一种方法是利用投入产出表来测度该国承接国际外包的程度，根据各行业的投入产出情况来计算各行业或整体经济的外包率。在利用投入产出表的方法中，不同学者又用以下四个指标作为度量外包的指标。

（1）进口投入品占总进口比例（imported inputs in total imports, IITM），即用进口投入品除以进口总额。其计算公式如下：

$$IITM_t = \frac{\sum_{j=1}^{n}\sum_{\omega=1}^{n} i_{\omega jt}}{\sum_{\omega=1}^{z} m_{\omega t}} \tag{2-1}$$

在式（2-1）中，$i_{\omega jt}$为 ω 产业进口中用来生产 j 产业产品的投入品，$m_{\omega t}$为 ω 产业的总进口，反映利用国外投入品占总进口的比例，该值越大，表示进口中属于投入品的越多，本国利用国外材料或中间投入品的程度越高；反之，该值越小，表示本国利用国外原材料或中间投入品越少。叶芝（Yeats，2001）、艾格（Egger，2002）分别用此指标来度量经济合作发展组织（OECD）国家、欧洲国家的外包率。

（2）进口投入占总投入比（imported inputs as share of total inputs, IITI）：即用进口投入除以总投入，其计算公式如下：

$$IITI_t = \frac{\sum_{j=1}^{n}\sum_{\omega=1}^{n} i_{\omega jt}}{\sum_{j=1}^{n}\sum_{\omega=1}^{z} q_{\omega jt}} = \frac{\sum_{j=1}^{n}\sum_{\omega=1}^{z} i_{\omega jt}}{\sum_{j=1}^{n}\sum_{\omega=1}^{n} (i_{\omega jt} + d_{\omega jt})} \tag{2-2}$$

在式（2－2）中，$i_{\omega jt}$为t期ω产业进口中用来生产j产业产品的投入品，$q_{\omega jt}$为t期j产业的投入品中属于ω产业的部分，包括ω产业进口的投入品和ω产业本国国内生产的投入品两部分，反映了该行业投入对国外投入的依赖程度。该值越大，表示j产业的投入品中进口比例越大，本国利用国外原材料或中间投入品越多，反之，则越少。巴丹和克罗尔（Bardhan and Kroll，2003）、芬斯特拉和汉森（Feenstra and Hanson，1996）、阿米提和魏（Amiti and Wei，2004）分别用此指标度量美国制造部门和英国的外包率。

（3）进口投入占总产出比（imported inputs as share of gross output，IIGO），即用该行业的进口投入除以该行业的总产出。

$$IIGO_t = \frac{\sum_{j=1}^{n}\sum_{\omega=1}^{z} i_{\omega jt}}{\sum_{i=1}^{n} o_{it}} \tag{2-3}$$

在式（2－3）中，$i_{\omega jt}$为t期ω产业进口中用来生产j产业产品的投入品，o_{It}为i行业总产出，反映该行业进口投入与总产出的比例关系。该值越大，表示j产业单位产出中所用的进口投入品越多，越大，反之，则越少。爱格（Egger，2003）、盖谢克和戈尔（Geishecker and Görg，2005）分别用此指标度量英国制造业和德国制造业的外包率。

（4）垂直专业化指标，即坎帕和戈德堡（Campa and Goldberg，1997）提出、胡梅尔斯（Hummels，2001）拓展的垂直专业化指数作为度量外包承接程度的指标，胡梅尔斯拓展的垂直专业化指数有绝对值VS和相对值VSS两个指标。

其中，VS为绝对指标，对于i部门，其VS定义为i部门进口的中间投入品中用于再出口的那部分价值。其计算方法为：

$$VS_i = \left(\frac{X_i}{Y_i}\right)\sum_{j}^{n} M_{ij} \tag{2-4}$$

在式（2－4）中，X_i和Y_i分别表示i部门的出口额和总产出，M_{ij}

为 i 部门进口的由 j 部门提供的中间投入品，$\sum_{j}^{n} M_{ij}$ 为 i 部门进口的由所有部门提供的中间产品。

对于 i 部门，相对指标VSS_i 表示 i 部门进口的中间产品用于生产出口的那部分价值占该部门出口的比例。其计算方法为：

$$VSS_i = \frac{VS_i}{X_i} = \frac{\sum_{j}^{n} M_{ij}}{Y_i} \quad (2-5)$$

从理论上来说，VSS 的值介于 0 和 1 区间，该值越接近 0，表示进口的中间投入品用于出口的越少；该值越接近 1，表示进口的中间投入品用于出口的越多。实际上，该指数反映了一国从国外进口的中间投入品加工为成品后再出口的程度。

2.2.2 外包测度指标比较

在以上介绍的度量外包的指标中，不同指标涉及的环节、经济含义和测度角度有所不同，其区别见表 2－1。

表 2－1　不同外包测度指标的比较

指 标	意义	涉及环节	经济含义	测度角度
加工贸易额	反映了中国“三来一补”业务的数量大小	进口或出口	反映中国利用国外材料配件的程度	发包国
IITM	进口国外投入品占总进口的比例	进口	反映中国利用国外资源占总进口的比例	发包国
IITI	进口投入占国内总投入的比例	进口	反映中国利用国外资源用于总体生产的比例	发包国
IIGO	进口投入占总产出比例	进口	反映中国利用国外资源用于总体生产的比例	发包国
VSS	进口的中间产品用于生产出口的那部分价值占该部门出口的比例	进口且用于出口	反映中国资源用于国外市场的比例	承接国

资料来源：笔者根据相关文献分析整理而得。

加工贸易，主要指对外加工装配贸易、中小型补偿贸易和进料加工贸易。加工贸易实际上是承接国利用国外资源（原材料、配件），结合本国劳动力资源生产成半成品或成品后再出口。加工贸易额从资源利用角度来看，是承接国利用国外资源，换而言之，是本国即发包国利用国外物质资源。如果从劳动资源来看，本国是劳动资源输出国，反映了国外对中国劳动力的利用情况。

IITM 为进口国外投入品占总进口的比例，IIT 为进口投入占国内总投入比例，IIGO 为进口投入占总产出比例，三个指标反映了中国利用国外资源的情况，均未考虑中国利用国外资源是用于国内市场还是国外市场，实际上均是从发包国的角度来测度中国对外发放外包的情况。而 VSS 为进口的中间产品用于生产出口的那部分价值占该部门出口的比例，强调中国从国外进口材料后再出口，同时强调了进口和出口两个环节，实际上反映了外国对中国资源的利用情况，是从承接国际外包的角度度量中国的外包率。在中国是全球国际制造业外包承接地的现实状况下，显然用此指标更贴近现实。

2.3 中国承接国际外包的测度与历史演变的实证研究

2.3.1 既有文献回顾

外包的测度是研究外包问题中最基础，也是最重要的工作之一，中文文献采用不同方法对中国外包率进行了测算。北京大学中国经济研究中心（2006）在国内第一次利用胡梅尔斯（2001）拓展的垂直专业化指数，测算了 1992 ~2003 年中国制造业部门以外包形式的贸易占总出口的比例。测算结果表明，中国制造业整体的外包率已由 1992 年的

14%上升到2003年的21.8%。在此基础上，张小蒂和孙景蔚（2006）、宗毅君（2008）、文根伟和冼国明（2009）采用同样方法，分别测算了中国工业行业整体垂直专业化指数或各行业垂直专业化指数。测算结果均表明，中国整体垂直专业化指数稳步上升，但各行业有差异。徐毅和张二震（2008）、王中华和代中强（2009），唐玲（2009）则利用芬斯特拉和汉森（Feenstra and Hanson；1995，1996）的测算方法，将外包率定义为进口中间投入品占总投入的比值。徐毅和张二震（2008），王中华和代中强（2009）对中国各个工业行业的外包率进行了测算，结果均认为，中国各行业的外包率稳步提高。唐玲（2009）的创新之处在于，将总外包分解为物质外包和服务外包，对中国1997～2006年34个工业行业的总体外包率、服务外包率和物质外包率进行了测算，并根据不同标准，将各工业行业进行分组，比较。结果也认为，中国总体外包率稳步上升，但各行业外包率差异很大。刘志彪等（2005）将进口的中间投入品占总产出的比例定义为生产非一体化指数，并对之进行了测算，测算结果表明，1997年，中国生产非一体化指数为0.256，2002年达到0.281。唐宜红等（2006）和张秋菊（2008）则以加工贸易额占总出口额的比例作为中国承接的外包率，认为中国总体外包率不断上升。

以上研究从不同的定义出发，都认为中国的外包率在不断上升。但是，以上关于中国外包测算和外包发展的研究中，存在以下三点不足。

（1）对于外包的概念和外包度量指标的理解模糊不清或不准确，从而使得度量指标使用混乱，测算结果不准确或现实意义不大。

外包业务连接着外包的承包方和发包方。故外包对不同对象有两种完全不同的含义：对承包方来说是“到岸外包”（inshore outsourcing），从发包方角度看是“离岸外包”（offshore outsourcing）（卢锋，2007）。这样，度量一个国家的外包率可以从两个不同角度采用两个完全不同的指标：从承包方角度去度量其承接外包（inshore outsourcing，到岸外包）的程度，也可从发包方角度去度量该国对外发放外包（offshore outsourcing，离岸外包）的程度。

在以上研究所采用的测算方法中，芬斯特拉和汉森（1995，1996）的测算方法是，将外包定义为进口中间投入品占总投入的比值，只强调中间投入品“进口”，未考虑生产为成品后是用于国内市场消费还是用于“出口”，实际上衡量了本国利用的国外资源占总投入的比例。是从发包方角度，度量本国对外发放外包的程度。这种方法多用于分析西方发达国家作为发包方，将大量业务外包给低收入国家带来的效应。如迪尔（Diehl，1999）、福尔克和沃尔夫迈尔（Falk and Wolfmayr，2007）、赫集震（Hijzen，2005）、赫集震（2004）、赫集震和斯威姆（Hijzen and Swaim，2007）、安德森和卡帕提（Andersson and Karpaty，2008）、艾米提和魏（Amiti and Wei，2005，2006）用以度量西方发达国家的外包率，分析对外发放离岸外包对发达国家劳动需求的影响。刘志彪等（2005）采用的生产非一体化指标具有相同含义。中国作为国际制造业转移的最大承接国，承接外包要远多于对外发放外包，显然研究国际外包的承接对中国更具现实意义。胡梅尔斯（Hummels，2001）的测算方法为，将外包率定义为进口的中间投入品中用于出口的那部分价值占总出口的比例，同时，考虑了中间投入品的“进口”和制成成品之后再“出口”，实际上是从承包方角度，度量该国承接外包的程度。北京大学中国经济研究中心（2006）的测算，主要针对制造业整体外包率，未对各行业进行测算。张小蒂和孙景蔚（2006）仅测算了 1997 年、2002 年和 2005 年三年的行业外包率，时间太短。唐宜红（2006）和张秋菊（2008）采用加工贸易数据作为度量外包的指标，虽然也是从承包方角度去度量外包，但是由于忽略了进出口环节的联系，容易高估中国“来料加工”的程度（平新乔，2005），结果不够准确。

（2）对于经济部门整体的外包率与各行业部门外包率的联系未做研究，有的简单地把各行业外包率的平均值作为度量整个经济部门的外包率，这样处理既不严谨、也不科学。

（3）大多数文献认为，中国经济部门整体外包率和各行业外包率逐年提高，但是，对其提高的原因未做深入研究，缺少对中国外包发展的历史演变进行研究，从而对中国外包发展的规律和推动中国外包发展的内在动力理解不透彻。

基于此，本书在以下两个方面对现有文献做了扩展。

（1）从承包方角度出发，将外包分为物质外包和服务外包，利用胡梅尔斯（2001）的测算方法对中国23个物质生产部门整体的总外包率及各行业部门的总外包率、物质外包率和服务外包率分别进行了测算，并比较了不同类型行业外包率的历史演变。本书测算结果与以往研究有所不同，虽然整体外包率是上升的，但劳动密集型行业的外包率是下降的。

（2）本书还对经济部门整体外包率与各行业外包率的关系给出科学准确的定义，并基于外包发展指数的定义，利用迪氏加权平均指数分解方法（WMDIM：weighting mean divisia index method）将中国外包发展指数的变动分解为外包率效应和出口结构效应，对中国外包发展的动因进行了分析。

2.3.2 指标选择与研究方法

1. 外包率的测度

本书采用卡姆帕和戈德堡（1997）提出、胡梅尔斯（2001）拓展的垂直专业化指数，作为度量外包承接程度的指标，胡梅尔斯（2001）拓展的垂直专业化指数有绝对值VS和相对值VSS两个指标，共设有n个行业部门，对于i部门其VS定义为i部门进口的中间投入品中用于再出口的那部分价值，其计算方法为：

$$VS_i = \left(\frac{X_i}{Y_i}\right) \sum_{j}^{n} M_{ij} \tag{2-6}$$

在式（2－6）中，X_i 和 Y_i 分别表示i部门的出口额和总产出，M_{ij} 为i部门进口的由j部门提供的中间投入品，$\sum_{j}^{n} M_{ij}$ 为i部门进口的由所有部门提供的中间产品。

i 部门相对指标 VSS_i 计算如下：

$$VSS_i = \frac{VS_i}{X_i} = \frac{\sum_j^n M_{ij}}{Y_i} \tag{2-7}$$

在式（2-7）中，VSS_i 表示，i 部门进口的中间产品用于生产出口的那部分价值占该部门出口的比例。从理论上来说，VSS 的值介于 0 和 1 区间，该值越接近于 0，表示进口的中间投入品用于出口的越少；该值越接近于 1，表示进口的中间投入品用于出口的越多。实际上，该指数反映了一国从国外进口的中间投入品加工为成品后再将之出口的比例，因此，有人把它当作国际外包中承接外包程度或中间品贸易程度的度量指标（Strauss-Kahn，2003）。本书在此，将 VSS 作为度量承接国际外包程度的指标，后文中我们称之为外包率。

相应地，我们可以得到度量 n 个经济部门整体承接外包比例的指标 VS 和指标 VSS，它们与行业承接外包指标的关系为：

$$VS = \sum_{i=1}^n VS_i \tag{2-8}$$

$$VSS = \frac{VS}{X} = \frac{\sum_i^n VS_i}{X} = \sum_i^n \frac{X_i}{X} \cdot \frac{\sum_j^n M_{ij}}{Y_i} = \sum_i^n \theta_i VSS_i \tag{2-9}$$

在式（2-9）中，$\theta_i = X_i/X$，为 i 部门出口额与总出口额之比，反映了各行业占总出口的情况，即出口结构。故式（2-9）的含义为，经济部门整体的外包率为各部门的外包率以该部门出口份额为权重系数的加权之和。可见，将经济部门整体的外包率简单理解为各行业外包率的算术平均值既不科学，也不准确。

此外，本书进一步将外包率分解为物质外包率和服务外包率。物质外包率指，进口的物质中间投入品中用于出口的那部分价值占总出口之比。即在式（2-9）中，i 指进口的原材料等物质中间投入品，包括第一产业部分、第二产业部门投入的产品。服务外包率指，进口的服务中间投入品用于出口的那部分价值占总出口的比例。即在式（2－9）中，i 指进口的各种服务投入品，如通信服务、交通运输服务等。

2. 外包发展指数的分解

为了研究外包历史发展的动态演进，本书借鉴丹尼尔·霍戈斯（Daniel Horgos，2009）的做法，引入外包发展指数。假设整体经济部门基期的外包率为 VSS_0，t 期的外包率为 VSS_t，则 t 期的外包发展指数为：

$$I_t = \frac{VSS_t}{VSS_0} \tag{2-10}$$

实际上，外包发展指数表示 t 期承接外包率相对于基期承接外包率的大小，反映了外包相对基期的发展程度。设 t 期、t－1 期的外包发展指数分别为 I_t 和 I_{t-1}，则第 t 期外包发展指数的变化为：

$$\Delta I_t = I_t - I_{t-1} = \frac{VSS_t - VSS_{t-1}}{VSS_0} = \frac{\Delta VSS}{VSS_0} \tag{2-11}$$

利用式（2－4）和迪氏加权平均指数分解方法，我们可以得到 $\Delta VSS = \sum_{i=1}^{n} \bar{\theta} \cdot \Delta VSS_i + \sum_{i=1}^{n} \Delta\bar{\theta} \cdot \overline{VSS_i}$（推导过程及含义见附录 1），将之代入式（2－6）中，进一步可以得到：

$$\Delta I_t = I_t - I_{t-1} = \frac{\Delta VSS_t}{VSS_0} = \sum_{i=1}^{n} \bar{\theta} \cdot \frac{\Delta VSS_i}{VSS_0} + \sum_{i=1}^{n} \frac{\overline{VSS}}{VSS_0} \cdot \Delta\theta \tag{2-12}$$

式（2－12）右边第一项表示，各行业出口占出口总额比例未变，即出口结构未变，各行业外包率变化引起的整体外包率变化，我们称之为外包率效应；第二项为各部门的外包率未变，各部门出口占出口总额比例改变引起的整体外包率变化，我们称之为出口结构效应。这样，式（2－7）将外包发展指数的变动分解为外包率效应和结构效应，我们采用此式来分析中国外包发展的内在动力和演变机制。

3. 数据来源和数据处理

测算中要用到的中国进出口贸易数据来源于联合国商品贸易（Comtrade）数据库（2008），中国 1995 年、1997 年、2000 年、2002 年、2005 年、2012 年及 2017 年投入产出表来源于经济合作与发展组织（OCED）投入产出数据库。经济合作发展组织（OCED）投入产出数据库根据国际标准产业分类编制，包含 24 个产品部门。将之与进出口贸易数据相协调并进行集结，得到 23 个行业的数据。①

经济合作与发展组织（OCED）投入产出数据库包含总使用表、进口使用表和国内使用表三类投入产出表。根据总使用表，可以得到各个行业的总产出数据和总出口数据。再从进口使用表获得各行业进口中间投入矩阵，结合各行业的产出数据，即可计算出各行业的进口中间投入系数矩阵。然后，从国内使用表获得各行业国内中间投入矩阵，结合各行业的总产出数据，可以计算出各行业单位产出的国内中间投入系数矩阵。获得这些数据以后，最后，代入计算 VS 和 VSS 的矩阵表达式，②即可得到 1995 ~ 2018 年中国各行业的 VSS 值和整体的 VSS 值。以 1995 年为基期，利用式（2 - 5），可以进一步得到历年中国整体的外包发展指数。利用式（2 - 6）和式（2 - 7），最后，对中国外包发展的历史演变和动力机制进行分析。

---

① 为了使行业标准、投入产出表和贸易数据相统一，将非金属矿采选业、其他矿采选业和木材矿采选业合并为非金属矿采选业，将食品饮料制造业、食品加工业和烟草制造业合并为食品饮料制造及烟草加工业，木材加工及藤棕草制品业和木材加工业合并为木材加工及家具制造业，其余名称与投入产出表名称相同。各行业名称及代号如下：H01：农业；H02：煤炭采选业；H03：石油和天然气开采业；H04：金属矿采选业；H05：非金属矿采选业；H06：食品饮料制造及烟草加工业；H07：纺织业；H08：服装皮革羽绒及其他纤维制品制造业；H09：木材加工及家具制造业；H10：造纸印刷及文教用品制造业；H11：石油加工及炼焦业；H12：化学原料及化学品制造业；H13：医药制造业；H14：非金属矿物制品业；H15：金属冶炼及压延加工业；H16：橡胶塑料制品业；H17：金属制品业；H18：通用机械制造业；H19：专用设备机械制造业；H20：交通运输设备制造业；H21：电气机械及器材制造业；H22：电子及通信设备制造业；H23：仪器仪表及文化办公用机械制造业。

② 具体见北京大学中国经济研究中心课题组（2006），此处不详述。

2.3.3 测算结果与分析

1. 整体外包率测算结果及演变特征

根据卡姆帕和戈德堡（1997）、胡梅尔斯（2001）采用的外包率测量方法，利用中国进出口数据和投入产出表，笔者测算了1995～2018年中国23个行业及这些行业部门整体的总外包率、物质外包率和服务外包率。① 整体的各类外包率变化趋势，见表2－2和图2－3，由表2－2和图2－3可知，中国物质生产部门整体外包率具有如下两个特征。

表2－2　　1995～2018年中国经济部门整体总外包率、物质外包率和服务外包率

单位：%

外包率类型	1995年	1997年	1998年	1999年	2000年	2001年	2002年	2003年
总外包率	16.6	17.5	17.8	16.8	17.4	18.3	18.6	19.0
物质外包率	15.1	16.3	16.6	15.4	15.6	16.9	17.1	17.4
服务外包率	1.2	1.2	1.4	1.5	1.8	1.4	1.5	1.6
外包率类型	2004年	2005年	2006年	2007年	2008年	2009年	2010年	2011年
总外包率	22.4	24.1	25.7	26.2	25.6	26.4	26.7	27.1
物质外包率	20.6	22.1	23.6	24.1	23.6	23..7	23.6	23.7
服务外包率	1.8	2.0	2.1	2.1	2.0	2.7	2.9	3.4
外包率类型	2012年	2013年	2014年	2015年	2016年	2017年	2018年	平均值
总外包率	27.2	27.2	27.4	27.6	27.7	27.8	27.9	23.4
物质外包率	23.5	23.0	22.9	22.7	22.2	22.2	22.1	20.5
服务外包率	3.7	4.2	4.5	4.9	5.2	5.6	5.8	2.8

资料来源：笔者根据相关数据测算而得。

第一，中国承接外包主要以物质外包为主，服务外包在外包中占比很低。由表2－2可知，历年中国物质生产部门整体总外包率、物质外包率和服务外包率的平均值分别为0.202、0.186和0.016。在历年承接

① 限于篇幅，本书未给出各行业外包率数据。

的外包中，物质外包占比平均值在90%以上。

这种以物质外包为主的承接结构，可能与中国国内产业结构和贸易结构紧密相关。从国内产业结构来看，中国经济以物质生产部门为主体，且工业化进程还在不断深化。1991年，第二产业在国内生产总值中的比重为41.8%，2018年，这一比例已上升到48.6%（《中国统计年鉴》，2019）。与已进入服务经济的西方国家对此而言，中国的比较优势在于物质产品的生产，在国际生产分工中也主要专门集中于物质产品的生产，这使得中国承接国际外包也主要以物质外包为主。这种国际生产分工模式决定了中国对外贸易主要以商品贸易为主，相对而言，服务贸易在贸易总额中占比很低，物质生产部门进口的服务占比更低。较小的服务贸易进口额和较大的物质商品出口额，直接导致了中国物质生产部门较低的服务外包率。

这种服务外包很少、以物质外包为主的国际外包承接结构，说明中国在产品生产的各个工序中多集中于服务含量很少的原材料生产、零配件生产或整件组装等附加值较低的环节，而较少介入产品的研发、设计及销售等服务含量较多、附加值较高的环节。

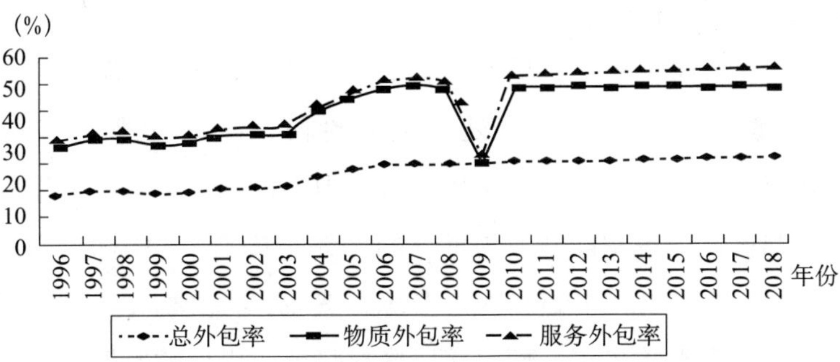

图2－3　1995～2018年整体外包率的演变

第二，纵向来看，中国外包率可以分为两个阶段：1995～2008年的缓慢上升阶段和2010～2018年的快速上升阶段。从表2－2、图2－3可以看出，1995～2000年，中国整体外包率缓慢上升，总外包率、物质外包率和服务外包率分别在0.178、0.165和0.014上下波动，这可能与20世纪末期亚洲金融危机的冲击有关。2001～2007年，上述三种外包率均大幅提高。2001年，总外包率、物质外包率和服务外包率分别为0.186、0.171和0.015，2007年则分别达到0.264、0.237和0.027，增幅分别达到41%、36%和93% 2018年则分别达到0.279。外包率在此期间的快速提高，与全球外包业务走出亚洲金融危机，进入恢复性增长及中国加入WTO引致的关税壁垒下降有关，这两者大大地提高了中国承接国际外包的广度和深度。

2. 不同要素密集行业外包率测算结果及演变特征

为了进一步深入了解中国外包率的结构性变化，笔者以要素密集度为标准，参照谢建国（2003）的分类方法，将23个行业分为资源密集型行业①、劳动密集型行业②、资本密集型行业③和技术密集型行业④四组，对不同组的外包率进行测算。由表2－3可知，各种类型的行业外包率的历史演变呈现出完全不同的特征。

（1）对于资源密集型行业来说，总外包率和物质外包率均大幅上升，而服务外包率变化不大。1995年，资源密集型行业的总外包率和物质外包率为9.47%和8.86%，在2012年，达到最高值20.81和19.32后，逐渐保持稳定，略有下降，在2018年分别下降为19.42和17.60，而服务外包率则一直处于上升阶段，1995年服务外包率为0.51，到2018年上升到1.72，上升幅度为240%。资源密集型行业外包率的大幅提高，说明随着成为世界的“制造中心”，中国越来越依靠国外的资源。中国从国外进口大量资源，然后，将之物化在各类工业制造品中以制造品形式出口，而直接以原材料形式出口的资源产品越来越少，从而使得中国资源产品贸易具有“大进小出”的特点，因而，这

① 劳动密集型行业具体为：H06、H08、H09。

② 资源密集型行业具体为：H01、H02、H03、H04、H05。

③ 资本密集型行业具体为：H10、H12、H14、H15、H16、H17。

④ 技术密集型行业具体为：H11、H13、H18、H19、H20、H21、H22、H23。

类产品的外包率逐年稳步上升。

表 2－3　1995～2018 年按要素密集度划分各行业分组外包率平均值　单位:%

行业类型	外包率类型	1995 年	2001 年	2003 年	2004 年	2005 年	2006 年	2007 年	2008 年	2009 年
资源密集型	总外包率	9.47	10.75	10.81	11.64	12.86	14.43	16.62	18.75	20.52
	物质外包率	8.96	10.22	10.22	11.03	12.20	13.71	15.77	17.89	19.60
	服务外包率	0.51	0.53	0.59	0.61	0.68	0.72	0.85	0.88	0.92
劳动密集型	总外包率	9.12	8.57	8.14	7.69	7.35	7.25	6.87	6.64	6.24
	物质外包率	8.31	7.68	6.97	6.57	6.41	6.01	5.72	5.36	5.10
	服务外包率	0.81	0.89	1.17	1.12	1.14	1.24	1.15	1.28	1.14
资本密集型	总外包率	11.56	12.31	11.86	13.46	14.36	14.64	15.81	16.57	17.56
	物质外包率	10.52	11.25	10.36	12.30	13.08	13.31	14.39	15.10	15.87
	服务外包率	1.04	1.06	1.15	1.16	1.28	1.33	1.42	1.47	1.69
技术密集型	总外包率	9.21	9.64	9.89	12.37	14.64	17.25	20.38	24.27	25.18
	物质外包率	8.38	8.76	8.97	11.36	13.61	16.09	19.14	22.92	23.81
	服务外包率	0.83	0.98	0.92	1.01	1.03	1.16	1.24	1.35	1.37

行业类型	外包率类型	2010 年	2011 年	2012 年	2013 年	2014 年	2015 年	2016 年	2017 年	2018 年
资源密集型	总外包率	20.68	20.75	20.81	20.64	20.56	20.43	19.82	19.75	19.42
	物质外包率	19.96	19.22	19.32	19.03	19.20	18.71	18.57	17.89	17.60
	服务外包率	0.72	1.53	1.59	1.61	1.36	1.72	1.25	1.86	1.72
劳动密集型	总外包率	6.12	5.97	5.84	5.69	5.58	5.25	4.87	4.64	4.38
	物质外包率	4.57	4.26	4.16	4.14	4.01	3.86	3.52	3.38	3.10
	服务外包率	1.55	1.71	1.68	1.55	1.57	1.39	1.35	1.26	1.28
资本密集型	总外包率	17.67	17.82	17.94	18.23	18.36	18.64	18.81	18.96	20.15
	物质外包率	15.94	16.02	16.18	16.30	16.44	16.48	16.52	16.63	16.94
	服务外包率	1.73	1.80	1.76	1.93	1.92	2.16	2.29	2.33	3.21
技术密集型	总外包率	25.21	25.68	26.08	26.32	26.68	27.02	27.38	27.85	28.15
	物质外包率	23.76	23.83	23.97	24.03	24.21	24.41	24.52	24.74	24.56
	服务外包率	1.45	1.85	2.11	2.29	2.47	2.61	2.86	3.11	3.59

资料来源：笔者根据相关数据测算而得。

（2）劳动密集型行业的总外包率和物质外包率呈单向下降趋势，

而服务外包率先上升、后下降。1995 年，劳动密集型的总外包率和物质外包率分别为 9.12%、8.31%，到 2018 年略微下降为 4.38%、3.10%，而服务外包率 1995 年为 0.81，2011 年上升到峰值为 1.71 之后开始下降，2018 年为 1.21。劳动密集型行业的总外包率和物质外包率呈单向下降趋势，而服务外包率逐年提高。1995 年，劳动密集型行业的总外包率和物质外包率分别为 9.12% 和 8.31%，到 2007 年略微下降，为 6.24% 和 5.20%，2018 年服务承接率略有上升。劳动密集型行业外包率逐年下降，可能存在两方面原因：一方面，中国的比较优势在于丰富的劳动力资源，劳动密集型产品的国内供给较丰富，因而进口较少，而出口较多，使得中国劳动密集型产品贸易呈现“小进大出”的特点，因而外包率较低；另一方面，随着中国经济发展和资本积累，中国的比较优势渐渐向资本密集型产业转变，2012 年修订的《中华人民共和国劳动法》引致的劳动力成本上升，使得相对劳动同样丰富的东南亚国家，中国在劳动密集型行业并不具有优势，大量劳动密集型行业向东南亚转移，造成中国承接外包减少。

（3）对于资本密集型行业和技术密集型行业，两者的总外包率、物质外包率均大幅上升，服务外包率也有所上升。与中国该类产品贸易结构的变化有关，在 20 世纪 90 年代初，资本密集型产品和技术密集型产品在中国还属于稀缺产品，这些产品的国际贸易主要以进口为主，且进口后多用于国内生产需要，用于出口的很少，这时的贸易格局具有“大进小出”的特点，因此，外包率较小。随着中国制造业技术水平的提高和关税水平不断下降，为了充分利用中国廉价的劳动力，西方发达国家逐渐将资本密集型和技术密集型行业的一些生产环节转移到中国，在制成成品后再出口至欧美国家（OECD，2007）。使得中国在出口大量资本密集型产品和技术密集型产品的同时，要从日本、韩国等进口同类型的中间投入产品，因此，中国这两类产品贸易呈现“大进大出”的特点。由于进口的中间投入品大多用于生产出口产品，因此，这两类产品的外包率较高。

由上可知，尽管中国的整体外包率呈逐步上升趋势，但不同类型行业的外包率变化趋势并不相同。由式（2－7）可知，整体外包率的变化既可能是各行业外包率的变化引起的，也可能是出口结构变化引起的。那么，中国外包率上升背后的推动力是什么？是靠各行业外包率提高，还是靠出口结构变化？各部门外包率的变化和出口结构的变化，对整体外包率变化的"贡献"有何不同？下面，通过对外包发展指数进行分解来对这些问题做出回答。

3. 外包发展指数测算结果与演变分解

根据上面测出的整体VSS值，以1995年为基期，由式（2－5）可得历年外包发展指数，将之代入式（2－6）和式（2－7），可以得到外包发展指数的变动值和分解情况，如表2－4所示。由图2－3可知，中国外包发展指数总体趋势逐步提高，特别是在2001年中国加入WTO以后。我们更关注的是外包发展指数提高背后的原因，下面，我们分析外包发展指数变动分解结果，由表2－4可知，根据推动中国外包承接率提升的动力不同，外包演变过程可以划分为两个阶段。

表2－4　　中国外包发展指数变动的分解

年份	ΔI	外包率效应		结构效应		年份	ΔI	外包率效应		结构效应	
		大小	比例（%）	大小	比例（%）			大小	比例（%）	大小	比例（%）
1995	0.048	0.023	48.0	0.025	52.0	2004	0.102	0.054	52.9	0.048	47.1
1996	0.054	0.024	45.2	0.030	54.8	2005	0.096	0.051	53.6	0.045	46.4
1997	0.018	0.008	46.4	0.010	53.6	2006	0.030	0.016	54.3	0.014	45.7
1998	－0.060	－0.031	51.5	－0.029	48.5	2007	0.012	0.007	54.8	0.005	45.2
1999	0.036	0.018	48.8	0.018	51.2	2008	0.056	0.024	43.0	0.032	57.0
2000	0.054	0.027	49.2	0.027	50.8	2009	0.043	0.022	51.0	0.021	49.0
2001	0.018	0.009	49.7	0.009	50.3	2010	0.034	0.020	59.0	0.014	41.0
2002	0.024	0.012	51.2	0.012	48.8	2011	0.025	0.016	64.0	0.009	36.0
2003	0.205	0.108	52.6	0.097	47.4	2012	0.019	0.008	42.0	0.011	58.0

续表

年份	ΔI	外包率效应		结构效应		年份	ΔI	外包率效应		结构效应	
		大小	比例（%）	大小	比例（%）			大小	比例（%）	大小	比例（%）
2013	0.021	0.011	52.0	0.010	48.0	2016	0.041	0.025	61.0	0.016	39.0
2014	0.035	0.016	46.0	0.019	54.0	2017	0.032	0.018	56.0	0.014	44.0
2015	0.028	0.015	54.0	0.013	46.0	2018	0.029	0.013	45.0	0.016	55.0

注：其中，“+”表示对外包发展指数的提高起促进作用，“-”表示其抑制作用。
资料来源：笔者根据相关数据测算而得。

（1）1995～2001年主要为结构效应，即中国外包率的提高主要为各行业出口结构的变化推动，各行业出口结构的变化能解释整体外包率变动的50.0%以上，但呈递减态势。1996年，整体外包发展指数变化的54.8%能被行业出口结构的变化解释，2001年，行业出口结构的变化只能解释其中的50.3%。而行业外包率的变化，能解释整体外包率变化的50%以下，但不断在提高，见图2-4。

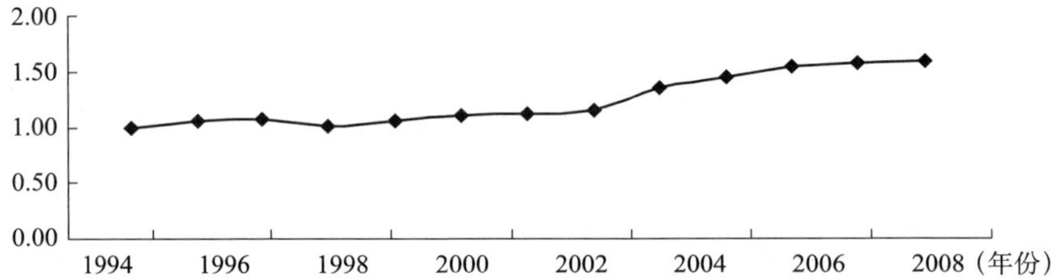

图2-4　1995～2007年中国外包发展指数演变（以1995年为基期）

（2）2002～2007年主要为外包率效应，即中国整体外包率的提高主要为各行业外包率的变化推动，各行业外包率的变化能解释中国整体外包率变化的50%以上，且呈不断递增。2003年，各行业外包率的变化能解释中国整体外包率提高的51.2%，2007年，已能解释其中的54.8%。相应地，各行业出口结构变化的解释力不断下降。

为了更深入地了解中国整体外包率演变的内在动因，我们将结构效应和外包率效应进一步分解到上文所分的各组，分析各组外包率变化和出口变化对整体外包率变化的贡献，其分解结果见表2-5。

表 2-5　外包发展指数波动的分行业组分解

单位：%

行业类型	效应	1996 年	1998 年	2000 年	2002 年	2003 年	2004 年	2005 年	2006 年	2007 年
资源密集型	总效应	-0.3	-0.3	-0.2	-0.1	-1.3	-2.1	-2.8	-3.4	-3.4
	外包率效应	3.6	3.9	3.6	4.3	5.1	6.3	6.9	7.2	8.2
	结构效应	-3.9	-4.2	-3.8	-4.4	-6.4	-8.4	-9.7	-10.7	-11.5
劳动密集型	总效应	-13.6	-12.2	-13.5	-14.6	-15.5	-16.3	-17.4	-18.8	-19.3
	外包率效应	-6.4	-5.3	-6.2	-6.7	-7.2	-7.3	-8.2	-8.8	-9.1
	结构效应	-7.2	-7.0	-7.4	-7.9	-8.2	-9.0	-9.2	-10.0	-10.3
资本密集型	总效应	63.9	58.4	64.1	64.4	65.9	66.2	66.8	67.2	67.4
	外包率效应	29.1	26.6	29.2	36.0	36.9	37.0	37.4	37.6	37.7
	结构效应	34.8	31.8	34.9	28.3	29.0	29.1	29.4	29.6	29.6
技术密集型	总效应	50.0	54.2	49.6	50.3	50.9	52.2	53.4	55.0	55.3
	外包率效应	24.8	26.9	24.6	25.0	26.3	26.9	27.5	28.4	28.5
	结构效应	25.2	27.3	25.0	25.4	24.6	25.3	25.8	26.6	26.8
行业类型	效应	2010 年	2011 年	2012 年	2013 年	2014 年	2015 年	2016 年	2017 年	2018 年
资源密集型	总效应	-0.4	-0.3	-0.2	-0.1	-1.3	-2.1	-2.8	-3.4	-3.4
	外包率效应	3.2	3.9	3.6	4.3	5.1	6.3	6.9	7.2	8.2
	结构效应	-3.6	-4.2	-3.8	-4.4	-6.4	-8.4	-9.7	-10.7	-11.5

续表

行业类型	效应	2010 年	2011 年	2012 年	2013 年	2014 年	2015 年	2016 年	2017 年	2018 年
劳动密集型	总效应	-13.6	-12.2	-13.5	-14.6	-15.5	-16.3	-17.4	-18.8	-19.3
	外包率效应	-6.4	-5.3	-6.2	-6.7	-7.2	-7.3	-8.2	-8.8	-9.1
	结构效应	-7.2	-7.0	-7.4	-7.9	-8.2	-9.0	-9.2	-10.0	-10.3
资本密集型	总效应	63.9	58.4	64.1	64.4	65.9	66.2	66.8	67.2	67.4
	外包率效应	29.1	26.6	29.2	36.0	36.9	37.0	37.4	37.6	37.7
	结构效应	34.8	31.8	34.9	28.3	29.0	29.1	29.4	29.6	29.6
技术密集型	总效应	50.0	54.2	49.6	50.3	50.9	52.2	53.4	55.0	55.3
	外包率效应	24.8	26.9	24.6	25.0	26.3	26.9	27.5	28.4	28.5
	结构效应	25.2	27.3	25.0	25.4	24.6	25.3	25.8	26.6	26.8

注：其中，“+”表示对外包发展指数的提高起促进作用，“-”表示对外包发展指数的提高起抑制作用。

资料来源：作者根据相关数据测算而得。

由表2－5可知：

（1）资源密集型出口结构效应为负，外包率效应为正，总效应为负，且对外包发展指数的抑制作用不断增强。可见，虽然资源密集型行业外包率的提高有助于提高中国物质生产部门整体的外包发展指数，但是，由于其出口额在出口总额中的比例不断下降，使其对外包发展指数有抑制作用。

（2）劳动密集型行业外包率效应为负，出口结构效应为负，总效应为负，是抑制中国外包发展指数提高的主要因素。1996年，劳动密集型行业外包率下降和出口份额减少引起的整体外包发展指数下降，占外包指数波动幅度的比例分别为6.4%和7.2%。2007年，两者分别达到9.1%和10.3%，其负面影响有逐步加强的态势。

（3）资本密集型行业和技术密集型行业的结构效应、外包率效应和总效应均为正，是促进中国外包发展指数稳步提高的主要因素。在2003年以前，对于这两种类型的行业来说，出口结构效应要大于外包率效应。即这两种商品出口份额的增加，较外包率的提高，更大地促进了中国外包发展指数的提高。而2003年以后，外包率效应要大于结构效应。说明加入WTO不仅促进了中国出口结构的优化升级，而且，促进了中国参与资本密集型行业和技术密集型行业的国际生产分工，提高了这两个行业的外包率。这两个方面都促进了中国承接国际外包的发展。

2.4 本章小结与政策建议

2.4.1 本章小结

本章第一节，对外包的定义、内涵及分类做了剖析，其中，国际外包的定义是本节研究的重点。第二节，总结、归纳了现有文献度量外包所采用的指标，并对这些指标进行了比较分析。第三节，基于承接国际外包的角度，采用胡梅尔斯（2001）等拓展的垂直专门化指数作为测度外包承接程度的指标，测量了中国各行业和物质生产部门整体的外包率、物质外包率和服务外包率，并比较了不同要素密集度行业外包率的演变情况。然后，利用外包发展指数的定义和迪氏加权平均指数分解方法，将中国外包发展指数分解为结构效应和外包率效应，对中国外包发展的动因进行分析，实证研究得到如下三点结论。

（1）中国承接国际外包整体上以物质外包为主，服务外包占比很低。1995～2001 年，外包率缓慢上升，2001～2007 年，外包率大幅提高。

（2）不同类型行业外包率的历史演变不同，资源密集型行业的外包率、资本密集型行业的外包率和技术密集型行业的外包率逐年稳步提高，而劳动密集型行业的外包率逐年降低。

（3）对中国外包发展指数波动的分解表明，资源密集型行业外包率、资本密集型行业外包率和技术密集型行业外包率的提高及后两种类型行业出口份额的增加，促进了中国外包发展指数的提高，而劳动密集型行业外包率的下降和出口份额的减少是抑制中国外包发展指数提高的主要因素。

2.4.2 政策建议

以上对中国外包承接状况和内在演变规律的研究，对于中国如何参与国际外包业务具有如下两点政策启示。

（1）适应国际外包发展趋势，加快产业优化和产业结构升级。当前，国际外包已经由过去的劳动密集型行业逐渐向资本密集型行业和技术密集行业转变，对劳动者的技能要求和人力资本素质要求越来越高。单纯地发展劳动密集型行业已不能适应国际生产分工形势，且面临来自其他发展中国家的竞争。因此，中国应该尽快促进产业结构优化和产业结构升级。大力发展资本密集型行业和技术密集型行业，在国际生产分工中占据产业高端。

（2）大力发展服务外包，提高人力资本结构。从研究结果可知，中国外包的承接主要限于物质外包，说明中国参与国际生产分工主要集中于原材料、中间产品的生产或整件组装等低附加值环节，而在产品研发与设计技术咨询等为生产提供服务的高附加值环节介入很少，在全球价值链中处于末端。要从根本上改变此状况，中国要提高劳动者技能水平，促进人力资本结构升级。针对在岗工人，积极开展职业技能培训，提高产业工人的技能水平；切实改变职前教育中“重文化教育，轻职业教育”的现象，大力发展职业教育，引导部分高校向职业教育转轨；同时，加强对高科技人员和研发人员的培养，形成多层次、多功能的复合型人力资本结构，使得中国在国际生产分工中不仅局限于低附加值的物质外包环节，还能够参与高科技产品的研发和设计等高附加值的服务环节，才能既促进中国就业问题的解决，又在产品内价值链的分工中处于价值高端。

3　承接国际外包对中国劳动需求影响的实证分析

进入21世纪以来，国际外包的劳动需求效应在西方发达国家是个令学界和公众关注且争论不休的热点问题。随着国际生产分工向产品内分工的深化和细化，国际间发生了第三次产业转移。这次转移的特点与以往不同之处在于，产业转移是由发达国家及较发达国家向发展中国家转移，转移的生产不再是以往整个生产产业的转移，而是部分生产工序的转移。如西方发达国家在价值链上，将低附加值的制造环节外包给中国、越南、埃及等发展中国家，专业化集中于产品的研发设计、销售环节。在制造环节上，将劳动密集型生产环节向劳动力相对便宜的低收入国家转移，而保留技术密集型环节（或资本密集型环节）。与这种产业转移相伴随的经济现象，是西方低教育水平劳动者失业率的不断攀升和传统工会势力的弱化。不少经济学者和公众认为，将制造业环节外包给中国，将软件设计外包给印度，是西方失业率上升的罪魁祸首。在2004年和2008年的美国总统选举中，是否制定相关的法律来限制跨国公司的外包业务均成为选举议题。在这次全球性经济危机背景下，在外包有损发达国家就业的命题下，西方各国政府迫于本国的就业压力和政治压力，采取各种产业政策措施和贸易壁垒措施来限制国际外包的发展。

国际外包对各国的劳动力需求有何影响？其通过何种路径影响劳动力需求？这成为学者研究的焦点。不同的学者分别就国际外包的劳动需求效应进行了理论分析和实证研究。

3.1　已有文献回顾

3.1.1　理论文献

芬斯特拉和汉森（Feenstra and Hanson，1996）研究了外包的劳动需求效应。该文献认为，外包提高了发包国和承包国双方中高技能劳动者的相对需求和相对工资，并指出，外包的技能偏向性是低技能劳动者失业增加和工资降低的重要因素。安特（Arndt，1997）利用一个包含贸易和外包的一般均衡模型，讨论了离岸外包（offshore sourcing）对就业和工资的影响，其假设商品生产可以分为不同的工序，这些工序在国际间是可分离的。该文献认为，发达国家的离岸外包增加了母国的就业，因为在剩余活动中创造的工作会超过合同转包出去的工作。零部件外包，可能是因为零部件生产的空间集中，而产生的规模效应大于进口替代产生的替代效应。政府采用不同的产业政策，可以影响规模效应、替代效应的大小，从而使得外包对劳动就业的影响具有不确定性，与国际采取的贸易政策密切相关。如果对进口的零部件实现自由贸易，采取零关税或低关税，而对最终产品征收高关税，则外包对发包方来说替代效应会大于规模效应，可能对高收入国家不利。如果发达国家和发展中国家均实行优惠的贸易政策，对中间贸易品和最终贸易品均实现低关税或零关税，则发达国家和发展中国家的产出、工资均会得到提高，可能双方的规模效应都会超过替代效应，促进双方就业的增长。这时，国际外包业务的发展，对发展中国家和发达国家是互利双赢的。相反，如果发达国家对中间投入品采用原产地规则和本地含量规则，而对最终产品实现零关税，则会导致企业将零部件采购从低成本的发展中国家转移到发达国家，这将加大生产成本，使本国产出减少，抑制本国工资提高和就业增长。

多尔多夫（Doardorff，2001）应用一个综合了李嘉图模型和赫克歇尔－俄林（Hecksche-Ohlin）模型的一般均衡模型，分析了国际外包对一国福利的影响。该文献认为，外包对福利的调整效应很大程度上取决于分阶段生产的特性，尤其是取决于不同生产阶段的要素密集度。国际外包既可能提高一国的福利也可能降低一国的福利，这取决于该国贸易条件的变化。该文献还指出，国际外包是要素价格均等化的重要推动力。科勒（Kohler，2002）建立了一个同时基于李嘉图和赫克歇尔－俄林比较优势的一般均衡模型。该文献假定要素市场和终端市场均为完全竞争，技术进步、贸易壁垒和国家要素价格的差异为外生的，一国具有两个最终商品生产部门，其中，一个生产部门是采用垂直一体化方式生产的，另外一个生产部门可以按照工序分离，不同的生产工序的资本密集度不同，劳动要素可以在国际间转移，而资本是特定要素。通过对比国际外包之前、之后国内市场均衡状况，科勒（2002）认为，如果生产过程中存在可分离的因素，那么，国际外包可以提高市场绩效，增加就业，但是，如果生产过程中存在不可分离的因素，将导致福利损失。在2×2模型中，多阶段生产部门中较低的终端产品价格会提高外包程度，如果该部门比单一阶段生产部门具有更高的资本密集度，还会提高国内工资率和就业率。布尔达和德鲁霍什（Burda and Dluhosch；2001，2002）引入规模报酬递增的假设，分析了国际外包相对于传统赫克歇尔－俄林模型不同的劳动调整效应。在垄断竞争市场中，国际外包在短期内类似于技能偏向性变化，将提高对技能的补贴。如果参与国际外包的企业增加，结果会发生变化。艾格（Egger，2003）研究了在贸易壁垒降低时外包对劳动者的影响，认为即使本国存在工会，外包也会引起高技能劳动者相对工资下降。迪尔多夫（Deardorff，2005）构造了只有一个部门的简单南北生产贸易模型，南方低技能劳动要素禀赋丰裕，而北方高技能劳动要素禀赋相对丰富。并假设最终商品由两种不同要素需求

（熟练劳动力与非熟练劳动力）生产所完成。在劳动力市场达到均衡时，外包会使北方国家低技能劳动力的工资下降到低于南方国家低技能劳动力的水平，若劳动要素禀赋的差异足够大，将引起专业化，北方高技能劳动者与非熟练劳动者都有可能从外包活动中获益。而且在劳动力市场均衡时，外包率越高，高技能劳动者的失业率越高，而低技能劳动者的失业率越低。从整体上看，如果高技能劳动者的供应量不充裕，外包将使整体失业率下降。

3.1.2 实证文献

在实证方面，文献多以发达国家为研究对象，研究发达国家对外发放外包对本国劳动需求的影响，主要侧重于研究国际外包对非熟练劳动力与熟练劳动力的相对需求和相对工资的影响。芬斯特拉和汉森（Feenstra and Hanson，1996）在其论文《全球化、外包与工资不平等》（Globalization，outsourcing and wage inequality）中，对外包的劳动需求效应做了开创性研究，主要研究了制造业外包对美国高技能劳动者与低技能劳动者的相对需求和相对工资的影响。此后，马库斯·迪尔（Markus Diehl，1999）、丹尼尔·特弗（Daniel Trefler，2006）、马丁福克和伊冯·沃尔夫迈尔（Martin Falk and Yvonne Wolfmayr，2007）、亚力山大（Alexander，2004），霍尔格·戈尔格（Holger Görg，2004）、罗伯特·C. 海因（Robert C. Hine，2004）、保罗·斯万（Paul Swaim，2007）、琳达·安德森（Linda Andersson）和帕特里克·卡尔帕蒂（Patrik Karpaty，2008）、玛丽·阿米蒂斯（Mary Amitis，2006）在其基础上做了扩充。

归纳起来，外包的劳动需求效应，主要从以下三个角度去研究：（1）研究外包对不同劳动技能的影响；（2）研究外包对不同部门就业的影响；（3）研究不同类型的外包对就业的影响。最初的研究多关注制造业外包对不同技能劳动者需求及工资差距的影响。一般结论认为，发达国家制造业对低收入国家的外包，增加了对高技能劳动者的需求，而减少了低技能劳动者的需求（Feenstra and Hanson，1996；Alexander Hijzen et al.，2004；Markus Hijzen et al.，2005）。卡罗琳娜和卡塔琳娜（Karolina and Katariina，2008）则进一步将外包分为不同国家组，发现对低收入国家的外包效应减少了对低教育劳动者、低技能劳动者的需求，增加了对高技能劳动者的需求，而对高收入国家的外包效应恰好相反。随着近年来服务外包的大幅增长，学者逐渐关注外包对服务部门劳动需求的影响，这方面的文献相对较少。丹尼尔·特弗（Daniel Trefler，2008）分析了美国服务部门与中国、印度之间研究，发放外包（outsourcing）和承接外包（inshoring）两种渠道对劳动需求的影响。研究发现，发放外包对劳动需求有负面影响，但承接外包有助于促进劳动需求增长，且正面影响大于负面影响。

此外，近来的研究将外包分解为物质外包和服务外包，分析这两种不同的外包对劳动需求的影响有何不同。霍尔格·戈尔格和奥伊夫·汉利（Holger Görg and Aoife Hanley，2004）基于爱尔兰电子产业数据，利用动态面板模型分析外包的劳动需求效应，发现国际外包对劳动需求有负面影响，且物质外包的影响要大于服务外包。艾卡坡和尚德里（Aekapol and Shandre，2007）对泰国制造业部门进行研究，发现物质外包和服务外包的劳动需求效应均具有“技能偏向性”，即增加了对高技能劳动者需求，减少了对低技能劳动者的需求。马丁·福克和伊冯·沃尔夫迈尔（Martin Falk and Yvonne Wolfmayr，2007）分析了物质外包和服务外包对欧盟五国制造业部门和非制造业部门的劳动需求效应，研究结论显示，对于非制造业部门，物质外包对劳动需求有很小的负面影响，而服务外包有助于促进非制造业部门劳动需求的增长；对于制造业部门，从低收入国家购买服务外包对劳动需求影响较小，而物质外包对劳动需求有负面影响，但影响较小，从中国和东亚国家购买的物质外包对劳动需求的影响显著。总体来说，已有的研究大多从发达国家角度分析国际生产分工对制造业转出国的劳动需求效应，而以发展中国家作为研究对象，从外包的承接国角度分析外包劳动需求效应的相关外文文献则相对缺乏。

中文文献关于外包的劳动需求效应的研究相对匮乏。中文文献大多从贸易的角度来研究的贸易自由化或贸易结构变化对中国就业的影响（蒋荷新，2007；俞会新和薛敬孝，2002；胡昭玲和刘旭，2007）。实际上，贸易是国际生产分工的体现，从生产的角度去研究更能把握其本质含义。盛斌和马涛（2008）通过实证考察中间品贸易对中国劳动需求的影响，认为加工贸易出口有利于扩大整体劳动力需求。而张华初和李永杰（2004）和孙宇（2009）虽然从国际产业转移承接国的角度分析了加工贸易和发展国际外包对中国就业的影响，但均局限于定性的策略性分析，因而其结果不具有很强的现实解释力。唐宜红和马风涛（2009）研究了国际垂直化分工对中国工业部门就业结构的影响，结果表明国际垂直化分工促进了非熟练劳动力的相对就业，降低了熟练劳动力的相对就业。

3.2 国际外包对劳动需求影响的理论分析

3.2.1 模型假设

本书借鉴龙（Long，2004）的模型，说明外包对承包国劳动需求的影响。

假设存在两个国家：本国 H 和外国 F；两家公司：公司 1 和公司 2。其中，公司 1 可以在国内和国外两个国家进行生产活动，其生产的产品为商品 1，公司 2 生产商品 2，且只能在国外生产，两种商品之间非完全替代。

3.2.2 推导过程

商品 i 需求函数的逆函数为：

$$P_i = P_i(Q_1, Q_2) \tag{3-1}$$

我们进一步假设：

$$\frac{\partial P_i(Q_1, Q_2)}{\partial Q_i} \leqslant 0 \tag{3-2}$$

$$\frac{\partial P_i(Q_1, Q_2)}{\partial Q_j} \geqslant 0 \tag{3-3}$$

两个公司的生产函数均为规模报酬不变，在本国 H，一单位劳动生产产品 1 的生产率为 1，其工资为 w_H。在外国生产产品 1，公司 1 必须培训员工，用 T 表示培训成本，w_F 表示生产产品 1 的边际成本，则在外国生产 1 单位产品 1 的成本为 $1 + w_F$，我们假设培训成本低于两国之间的工资差异。假设 3－1 即：

$$w_H - w_F \geqslant T \tag{3-4}$$

在假设 3－1 下，就会对公司 1 产生将全部生产外包给外国 F 的激励，用 Q_{1H}和 Q_{1F}分别表示公司 1 在本国 H 的产出、外国 F 的产出，L_{1H}和 L_{1F}分别表示公司 1 在本国 H 所雇员工人数、外国 F 所雇员工人数，则有：

$$Q_{1H} = L_{1H} \tag{3-5}$$

$$Q_{1F} = L_{1F} \tag{3-6}$$

产品 2 只能在外国 F 生产，我们假设其生产率为 $1 + s$，其中，s 为公司 1 对公司 2 员工进行培训产生的溢出效应，假设溢出效应是公司 1 员工人数的增函数，即：

$$s = s(L_{1F}) \tag{3-7}$$

其中：

$$s(0) = 0, s'(L_{1F}) \geqslant 0。 \tag{3-8}$$

故产品 2 的产出为：

$$Q_2 = (1 + s(L_{1F}))L_2 = b(L_{1F})L_2 \tag{3-9}$$

我们现在考察公司 1 的最优化行为，假设公司 1 将 L_2 当作是给定的，通过选择 L_{1H}和选择 L_{1F}来使其利润最大化。

$$\pi_1 = P_1(L_{1F} + L_{1H}, b(L_{1F})L_2)(L_{1F} + L_{1H}) - w_H L_{1H} - (w_H + T)L_{1H} \tag{3-10}$$

一阶条件为：

$$\frac{\partial \pi_1}{\partial L_{1H}} = \frac{\partial P_1}{\partial Q_1}Q_1 + P_1 - w_H \leqslant 0,\ L_{1H} \geqslant 0, L_{1H}\frac{\partial \pi_1}{\partial L_{1H}} = 0 \tag{3-11}$$

$$\frac{\partial \pi_1}{\partial L_{1F}} = \frac{\partial P_1}{\partial Q_1}Q_1 + P_1 + \frac{\partial P_1}{\partial Q_2}L_2 b'(L_{1F}) - w_F - T \leqslant 0, L_{1F} \geqslant 0, L_{1F}\frac{\partial \pi_1}{\partial L_{1F}} = 0 \tag{3-12}$$

我们可以得到如下命题：

如果国内国外两个市场是完全独立的，且两种商品是完全互补的，则公司 1 将其全部产出外包。

我们可以采用反证法来证明假设公司 1 部分产出在本国完成，则 L_{1H}为非负的正数，且：

$$\frac{\partial \pi_1}{\partial L_{1H}} = \frac{\partial P_1}{\partial Q_1}Q_1 + P_1 - w_H = 0 \tag{3-13}$$

$$\frac{\partial \pi_1}{\partial L_{1F}} = \frac{\partial P_1}{\partial Q_1}Q_1 + P_1 + \frac{\partial P_1}{\partial Q_2}L_2 b'(L_{1F}) - w_F - T \leqslant 0 \tag{3-14}$$

由此，两个公式我们可以得到：

$$\frac{\partial P_1}{\partial Q_2}L_2 b'(L_{1F}) + w_H - w_F - T \leqslant 0 \tag{3-15}$$

这与假设 3－1 相矛盾。

我们可以得到一个推论，只要公司 2 的就业水平是正的，且两种商品具有替代关系，公司 1 将采取多样化战略，即在本国和外国两地均生产。

我们再来看公司 2 的最优化战略，假设公司 2 将公司 1 的就业水平 L_{1H}、L_{1F}当作是给定的，选择雇员人数来使其利润最大化。

$$\pi_1 = P_2(L_{1F} + L_{1H}, Q_2) - w_F L_2 \tag{3-16}$$

一阶条件为：

$$\frac{\partial \pi_2}{\partial L_2}=Q_2\frac{\partial P_2}{\partial Q_2}\frac{\partial Q_2}{\partial L_2}Q_1+P_2b(L_{1F})-w_F\leqslant 0,L_2\geqslant 0,L_2\frac{\partial \pi_2}{\partial L_2}=0 \tag{3-17}$$

我们假设一阶条件满足，从一阶条件，可以得到公司 2 的反应函数：

$$L_2=R_2(L_{1F},L_{1H}) \tag{3-18}$$

我们分析达到纳什－古诺均衡时的结果，假设两种产品的需求曲线均为线性的，且两国的工资均小于需求曲线的纵轴截距，即小于 1。我们确定在纳什均衡中，三种就业水平 L_{1H}、L_{1F} 和 L_2，可以得到三个条件。

首先，公司 2 的就业水平，一定在其最优反应函数上：

$$L_2=R_2(L_{1F},L_{1H})=\frac{1-\delta L_{1F}-\delta L_{1H}-w_H}{2(b(L_{1F}))^2} \tag{3-19}$$

其次，母国国内就业水平的解不是在拐点，即：

$$(L_{1F}+L_{1H})-(1-L_{1F}-L_{1H}-\delta b(L_{1F})L_2)+w_H=0 \tag{3-20}$$

最后，外包行为的边际收益（工资节约）等于外包的边际成本（降低了竞争对手的成本）：

$$w_H-w_F-T=\delta L_2 b'(L_{1F}) \tag{3-21}$$

为了简化起见，我们假设 $b(L_{1F})$ 为线性的，即 $b(L_{1F})=1+\alpha L_{1F}$，其中，$\alpha\geqslant 0$，我们得到均衡点：

$$w_H-w_F-T=\alpha\delta L_2 \tag{3-22}$$

我们定义工资差异为 $\Delta=w_H-w_F-T$，故有：

$$L_2=\frac{\Delta}{\alpha\delta} \tag{3-23}$$

我们可以得到如下结论：

命题 3－1：在假设 3－1 和假设 3－2 下，对于给定的 α、δ 和 Δ，只能得到 L_2 的唯一一个均衡解：

$$L_2=\frac{\Delta}{\alpha\delta}=J \tag{3-24}$$

命题3-2：如果假设3-1和假设3-2的系数在一个有均衡解的开区间，即δ（两种商品的替代程度）、α（溢出效应系数）和培训成本的上升均导致公司2就业水平的下降。

将L_2代入纳什均衡的二阶条件，我们得到如下两个等式：

$$J=\frac{1-\delta L_{1F}-\delta L_{1H}-w_H}{2(1+\alpha L_{1F})^2} \tag{3-25}$$

$$(L_{1F}+L_{1H})-(1-L_{1F}-L_{1H}-\delta(1-\alpha L_{1F})J)+w_H=0 \tag{3-26}$$

由式（3-25）得到：

$$2J(1+\alpha^2L_{1F}^2+2\alpha L_{1F})=1-\delta L_{1F}-\delta L_{1H}-w_H \tag{3-27}$$

由式（3-26）得到：

$$L_{1H}=\frac{1-w_H-\delta J-(2+\alpha\delta J)L_{1F}}{2} \tag{3-28}$$

代入L_{1H}，可以得到一个关于L_{1F}的二次等式：

$$A(L_{1F})^2+BL_{1F}+C=0 \tag{3-29}$$

其中：

$$A=2J\alpha^2\geqslant0$$

$$B=\frac{(8-\delta^2)\alpha J}{2}\geqslant0$$

$$C=2J-Z$$

$$Z=(1-w_F)-\frac{\delta}{2}(1-w_H)\geqslant0$$

我们考虑$C\leqslant0$和$C\geqslant0$两种情形，当$C\leqslant0$时，方程有两实根，其中，一个为正，另一个为负（这种情形无经济意义，因为就业水平不可能为负）。当$C\geqslant0$时，方程有两个复根或者两根同正同负，这里的解无经济含义。因此，我们只考虑第一种，方程有一正一负两解时，得到正解的情形。

当$C\leqslant0$时，$2J\leqslant Z$，即培训成本足够高或者是溢出系数足够小，方程的正解为：

$$L_{1F}^{*} = -\frac{(8-\delta^{2})}{8\alpha} + \frac{1}{4\alpha}\left[\frac{(8-\delta^{2})^{2}}{4} - 16 + \frac{8Z}{J}\right]^{1/2} \geqslant 0 \quad (3-30)$$

这时，

$$L_{1H}^{*} = \frac{1 - w_{H} - \delta J - (2+\alpha\delta J)\ L_{1F}^{*}}{2} \quad (3-31)$$

我们得到推论，在这种情形下，培训成本上升会提高外包行为，降低 J，提高 L_{1F}。

3.2.3 结论

本节通过构建包含一个两国、两个公司的微观模型，分析、说明影响外包的因素及其对承接国就业水平的影响。假定两个公司之间实现纳什博弈，每个公司通过其利润最大化来确定本公司的劳动需求，最终达到均衡状态。在均衡状态时，影响外包行为与劳动需求的主要有三个因素。

（1）培训成本。发包公司对承包方人员的培训对外包产生影响，进而对劳动需求产生效应。培训成本上升，使得两国之间的工资差异减少，对于发包企业来说，发包的边际收益降低（即节约的工资减少），对外包行为有抑制作用。对于发包方劳动需求的增长具有负面影响，而对承接方的劳动需求具有积极效应。

（2）技术溢出系数。技术溢出系数越大，对于发包企业来说，因为降低了竞争对手的生产，即增加本企业的发包成本，边际成本上升，对外包行为有抑制作用。对于发包方劳动需求的增长具有负面影响，而对承接方的劳动需求具有积极效应。

（3）两种商品的替代弹性。两种商品的替代弹性越大，在发包国商品竞争越激烈，对外包行为有激励作用。对于发包方的劳动需求的增长具有负面影响，而对承接方的劳动需求具有积极效应。

本模型的优点在于是一般均衡模型，可以同时分析发包国、承接国的劳动需求效应，但存在一些结构上的缺陷，首先，未考虑承接国公司的行为，实际上将承接国就业的变化简单看作是外包公司雇员的变化，这与现实及外包的定义有差异。其次，两个竞争对手博弈的规则为纳什博弈，即完全知道对方的信息之后才采取行动，博弈也为非动态博弈。未考虑劳动人员的流动。

3.3 外包劳动需求的实证研究

3.3.1 承接国际外包对劳动需求的影响及其路径

承接国际外包与就业之间存在复杂的作用机制，对不同的国家影响不同（Martin Falk and Yvonne Wolfmayr，2007）。对于中国这样的制造业承接大国来说，承接国际外包对中国就业有巨大影响。从理论上而言，承接国际外包对中国劳动就业既有积极的一面，也有消极的一面。其影响中国劳动就业的途径有以下五个。

（1）产业关联效应。国际外包虽然使分工由产品层面向工序层面细化和深化，但事实上，专业化于某一个生产环节的企业不可能在某国单独存在。承接企业要利用当地原材料优势、劳动力优势或技术优势，必然与本地企业形成前向联系、后向联系，形成广泛的产业关联，有的甚至催生出新的配套产业，从而产生“就业创造”效应。

（2）规模效应。参与国际生产分工的企业通过与国际企业的上下游联系，可以借助发包方的品牌优势、销售渠道，有效地拓展国际市场，摆脱国内市场的约束，扩展市场边界，从而扩大经济规模，进而有利于增加本国劳动力就业。

（3）经济增长动态效应。从长期来看，参与国际生产分工会促进本国经济增长，提高国民收入，有利于增加本国国内需求，从而促进就业增长。

（4）替代效应。承接国际外包的同时，会从发包方进口原材料或配件等中间产品，可能会对本国国内相同产品有进口替代效应，减少其需求和生产，进而对相关行业的劳动需求产生负面影响。

（5）生产率效应。在承接外包过程中，发包方为了保证承接方的产品满足质量要求，会对承接方进行人员培训，提供服务标准、生产质量手册、产品与工艺设计图纸、设备使用资料等文献资料，这些会增强企业之间技术的纵向溢出效应。企业生产率的提高，将使企业减少对劳动的使用，对劳动就业有负面影响。

如上所述，承接国际外包可以通过多条路径对劳动总量需求的增长起到促进作用或抑制作用，究竟是产生积极影响还是消极影响，须看哪种效应占主导。故本书提出假设 3－1 如下：即外包率的提高与劳动需求之间的关系不确定，需通过实证证明。即本节要验证的假设 3－1。

假设 3－1：承接国际外包，对劳动需求的影响未确定。

3.3.2 影响国际外包劳动需求效应大小的行业特征分析与实证假设

理论分析表明，承接国际外包对劳动需求的影响不确定。与此同时，承接国际外包对不同行业的劳动需求影响也不同。为此，本书做如下分析和假设。

（1）与行业类型有关。如果行业是出口导向型的，则可以充分利用广阔的国际市场，摆脱狭小的国内市场的约束，扩展市场边界，有效地实现规模经济，快速扩大行业发展规模，从而有助于吸引大量劳动力在本行业就业；对于进口替代型行业来说，其对劳动需求具有双面影响：一方面，在国内需求总量一定的条件下，进口总量越大，国内供给在商品总供给中所占份额就越小，国内同类产品生产部门受到的影响就越大，这些部门的劳动需求越会受到负面影响；另一方面，进口设备、中间产品等用于生产投入将带动产出增加，从而有助于增加行业的劳动需求。

此外，进口资本货物如果用于生产过程更新改造，提高劳动效率，将会在一定时期内减少劳动需求；而如果用于新建企业，则又会带动劳动需求增长。马库斯·迪尔（Markus Diehl，1999）的研究证实，国际生产分工对出口导向型产业劳动需求的促进作用要大于进口替代行业。

由此，我们得到本章要验证的第二个假设。

假设3-2：在出口导向型行业中，承接国际外包对劳动需求增长有促进作用；而对于进口替代型行业，承接国际外包对劳动需求的影响难以确定。

（2）与行业劳动密集度有关。根据赫克歇尔-俄林定理，各国依据自身的要素禀赋参与国际生产分工，专业生产和出口包含本国要素禀赋丰富的商品。中国的比较优势在于有丰富的劳动力资源，劳动密集型行业的产品内国际分工有助于发挥中国的比较优势，吸收大量劳动力就业，将之"物化"于商品内出口。与此相反，资本密集型行业的外包会对劳动需求产生负面影响。一方面，资本密集型行业的外包会产生资本对劳动的替代作用（Markus Diehl，1999）；另一方面，资本密集型产业的外包对接受国生产率提高的促进作用较大（Martin Falk and Yvonne Wolfmayr，2007），从而减少了对劳动力的需求。因此，本书提出：

假设3-3：劳动密集型行业产品内国际生产分工程度的提高有助于增加该行业的劳动需求，而资本密集型行业产品内国际生产分工程度的提高对劳动需求的增长有负面作用。

（3）与行业技术密集度有关。哈默尔（Hummel，2001）、芬斯特·汉森（Feenstra Hanson，1996）研究发现，电子、电气机械、仪器制造与机械工业等技术密集度较高行业的中间投入品占国际贸易的大部分比例。上述文献分析认为，只有技术含量较高、生产过程可以分为几个独立生产阶段的行业才能在不同国家或地区间进行生产分工。一般来讲，技术越复杂的行业生产环节更多，垂直专业化程度更高，即产品内的国际生产分工具有“技术偏向性”。这不可避免地会促进对高技能劳动者需求的增长。1995~2005年，中国高技术制造业出口倾向上升35.47%，其上升幅度大大超过了其他行业（文东伟和冼国明；2009）。这说明，中国参与承接国际外包也存在显著的“技术偏向性”，故我们提出：

假设3-4：承接国际外包对高技术行业劳动需求增长的促进作用比低技术行业要大，见图3-1。

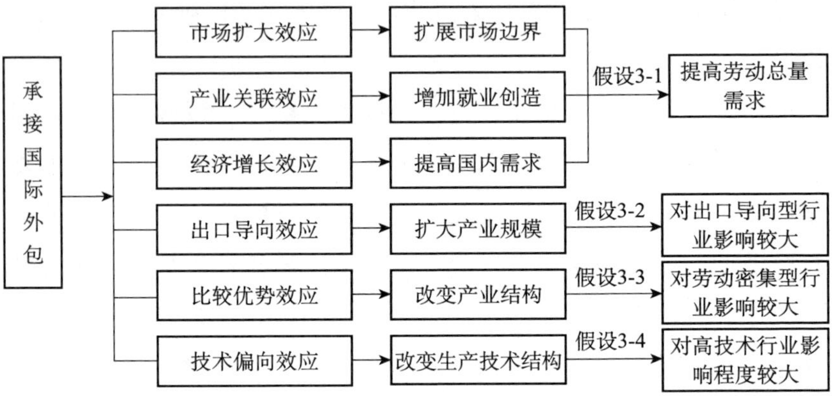

图3-1 分析框架与假设

资料来源：笔者绘制。

3.3.3 实证模型

我们借鉴马丁·福克和伊冯·沃尔夫迈尔（Martin Falk and Yvonne Wolfmayr，2007）提出的用于分析行业劳动需求的标准方程来对国际外包的劳动需求效应进行实证：

$$\text{InL}_{it} = \beta_0 + \beta_1 \text{InY}_{it} + \beta_2 \text{InWP}_{it} + \beta_3 \text{VSS}_{it} + \alpha_i + \mu_i + \varepsilon_{it} \quad (3-32)$$

在根据式（3-32）对假设3-1进行验证的基础上，为了考察假设3-2~假设3-4是否成立，即分析行业特征对劳动需求效应的影响，我们在式（3-32）的基础上，引入虚拟变量表示行业特征，把行业垂直专业化指数与虚拟变量相乘，得到如下回归方程，其回归系数表示行业特征对劳动需求的影响。

$$\ln L_{it} = \beta_0 + \beta_1 \ln Y_{it} + \beta_2 \ln WP_{it} + \beta_3 VSS_{it} + \beta_5 VSS \times D_{1i} + \beta_6 VSS \times D_{2i} + \beta_7 VSS \times D_{3i} + \alpha_i + \mu_i + \varepsilon_{it} \quad (3-33)$$

3.3.4 变量选择与数据说明

1. 变量选择

L_{it}表示 i 行业 t 时期的劳动需求，我们用 i 行业 t 时期年均就业人数表示。这里隐含着假设劳动供给总能满足需求，这比较符合中国现实。

Y_{it}是以基期价格表示的 i 行业 t 时期的增加值，我们以 1990 年为基期。

WP_{it}是 i 行业 t 时期用基期价格表示的实际工资，以 1990 年为基期。

VSS_{it}是 i 行业 t 时期的垂直专业化指数，表示 i 行业承接国际外包的程度，参照哈默尔（2001）的计算方法，其计算公式为：

$$VSS = \frac{1}{X}\sum_{i=1}^{n}\left(\frac{M_i}{Y_i}\right)X_i = \frac{1}{X}\mu A^M (1 - A^D)^{-1} X^V \quad (3-34)$$

在式（3－34）中，X 为总出口量，M_i 为 i 部门进口的中间商品，Y_i 是 i 产业的总产出，X_i 为 i 部门的出口量，A^M 是进口中间产品的依存系数矩阵，A^D 为国内消耗系数矩阵，X^V 为出口向量。① 由式（3－34）可知，垂直专业化指数表示进口中间投入品中用于生产出口商品的那部分占总出口的份额，从理论上来说，垂直专业化指数的值介于 0 和 1 区间，该值越接近于 0，表示进口的中间投入品用于出口的越少；该值越接近于 1，表示进口的中间投入品用于出口的越多。实际上，该指数反映了一国从国外进口的中间投入品加工为成品后再出口的程度，因此，有人把它当作国际外包中承接外包程度和中间品贸易程度的度量指标（Daniel Horgos，2007）。本书取之作为产品内生产分工和承接产业转移程度的指标，其含义与本书目的相吻合。

① 等式推导过程及各变量的具体含义，参见北京大学中国经济研究中心课题组（2006）。

D_{1i}为表示行业类型的虚拟变量，如果该行业属于出口导向型[①]的，取值为1；如果该行业为进口替代型的，则取值为0。如果某行业出口大于进口即为出口导向型的，反之，则属于进口替代型。

D_{2i}为反映行业要素禀赋的虚拟变量，当行业 i 为劳动密集型行业时，取值为1；当行业 i 为资本密集型行业时，取值为0。这里采用劳动密集型指数[②]的大小来将研究行业划分为劳动密集型行业和资本密集型行业。其中，食品制造业、饮料制造业和纺织业等13个行业为劳动密集型行业，其余的为资本密集型行业。

D_{3i}表示行业技术密集度的虚拟变量，如果该行业属于高技术密集度的行业，则该虚拟变量取1，否则为零。我们以研发强度（R&D intensity）指标为标准，把研究行业划分为高技术水平行业和低技术水平行业两组。[③] 在研究行业中，医药制造业、通信设备等11个行业为高技术行业，其余为低技术行业。

μ 表示行业部门效应，随行业部门变化而不随时间变化；α 是时间

① 出口导向型行业有：食品制造业，饮料制造业，纺织业，纺织服装、鞋、帽制造业，皮革、毛皮、羽毛（绒）及其制品业，木材加工及木、竹、藤、棕、草制品业，文教体育用品制造业，通用设备制造业，非金属矿物制品业，交通运输设备制造业，电气机械及器材制造业，通信设备、计算机及其他电子设备制造业，仪器仪表及文化、办公用机械制造业。

② 劳动密集型指数能够衡量各行业的劳动密集型程度，行业 i 的劳动密集型指数定义为行业人均增加值与全部行业的人均增加值之比。即：$labour_i = (V_i/N_i) / (V_T/N_T)$，如果劳动密集指数大于1，则为资本密集型行业；反之，则为劳动密集型行业。劳动密集型行业指，食品制造业，饮料制造业，烟草制品业，纺织业，纺织服装、鞋、帽制造业，皮革、毛皮、羽毛（绒）及其制品业，木材加工及木、竹、藤、棕、草制品业，造纸及纸制品业，印刷业和记录媒介的复制、文教体育用品制造业，化学纤维制造业，橡胶制品业，塑料制品业和非金属矿物制品业等13个行业。

③ OECD 按照《国际标准产业分类》（ISIC3.0 版）根据生产或增加值中的研发密度（R&D intensity），将制造业划分为高技术制造业、中高技术制造业、中低技术制造业和低技术制造业四个层次，本书将高技术制造业和中高技术制造业合并为高技术组，将后两者合并为低技术组。其中，高技术行业为，医药制造业，通信设备、计算机及其他电子设备制造、仪器仪表及文化、办公用机械制造业，电气机械及器材制造业，交通运输设备制造业，石油加工、炼焦及核燃料加工业，化学原料及化学制品制造业，通用设备制造业，专用设备制造业9个行业，其余为低技术行业。

效应，随时间变化而不随行业部门变化，ε 是随机误差项。

2. 数据来源与统计描述

模型变量中各行业就业人数、行业增加值均来自历年《中国工业统计年鉴》，物价指数、行业平均工资来自历年《中国统计年鉴》，进出口数据来自国务院发展研究中心信息网对外贸易数据库。需要说明的是，中国海关对进出口贸易的统计是以商品为基础，对进出口商品的分类采用国际上通用的协调编码制（HS），与工业行业分类采用的国际工业分类标准（ISIC）不同。为了获得各行业的进出口数据，本书对两种分类标准加以协调，依据进出口商品的属性按照工业行业分类标准对其进行重新归集，并对一些行业进行合并，同时，略去煤气生产和供应业、自来水生产和供应业等垄断性较强、贸易额较小的行业，共得到25 个行业的数据。得到各变量主要统计特征，见表 3 – 1。

表 3 – 1　　各变量主要统计特征

变量	平均值	中位数	标准差	最大值	最小值
行业增加值（亿元）	2260. 84	1590. 39	2205. 96	7084. 86	237. 91
行业就业人数（万人）	218. 58	205. 31	141. 78	615. 43	18. 99
行业 VSS（%）	13. 59	13. 40	5. 79	31. 32	4. 50
行业平均工资（元/年・人）	18876. 12	17182. 00	7767. 68	44763. 00	6968. 00

资料来源：笔者根据以上统计数据整理而得。

由以上统计数据可以看到，中国行业之间发展的差别很大。从行业增加值来看，2007 年行业增加值最大的是通信设备行业，为 7084. 86 亿元（以 1990 年为基期价格）；最小的是化学纤维，为 604. 74 亿元，前者约为后者的 11 倍。从吸收就业的情况来看，2007 年，就业人口最多的是纺织服装业，为 982. 64 万人；最少的是烟草制造业，为 18. 98 万人，两者相差 50 倍之多。从参与国际分工程度来看也有很大差别，VSS 最大行业通信设备（0. 166）是最低行业食品制造（0. 052）的三倍。这说明国际生产分工在中国的深化，对中国产业结构、就业结构的变化产生了深刻影响。

3. 基于统计数据的经验分析

在利用上述数据就国际产品内分工对劳动需求的影响进行回归分析之前，笔者先对中国主要工业行业参与国际生产分工的经验事实及其与劳动需求的关系进行初步分析。根据式（3－34），我们算出了历年中国各行业的 VSS。结论显示，2002～2018 年中国各行业的 VSS 都有不同程度的提高。其中，金属矿采选业、非金属矿采选业、食品制造及烟草加工业、电力及蒸汽制造业、非金属制品的 VSS 略有提高，而纺织业，服装及皮革羽绒及其他纤维制造，交通运输设备制造业、电气机械、电子通信设备、仪器仪表等行业的 VSS 均有大幅提高。这说明，在加入 WTO 以后，中国各行业融入国际生产分工的程度不断加深。

为进一步分析国际生产分工对中国产业结构和就业的影响，我们列出历年中国各行业 VSS 的平均值、总行业增加值和总就业人数。如表 3－2 所示，随着中国参与国际生产分工程度的加深，中国产业规模不断扩大，吸收就业的能力不断加强。据测算，行业 VSS 值与行业增加值、行业就业量之间的相关系数分别为 0.84 和 0.72。这在一定程度上反映出国际生产分工扩大中国产业的总体规模，增加中国的劳动需求，从而直接验证了本书的假设 3－1。

表 3－2　　中国行业 VSS、总增加值和总就业量的演变

变量	2002 年	2003 年	2004 年	2005 年	2006 年	2007 年	2008 年	2009 年	2010 年
总就业量（千万人）	15.8	16.1	16.9	18.1	19.2	20.6	21.1	21.7	21.8
总增加值（万亿元）	5.4	6.3	7.4	8.8	10.4	12.3	15	16	19.6
平均 VSS	0.117	0.117	0.126	0.147	0.136	0.172	0.186	0.192	0.199
变量	2011 年	2012 年	2013 年	2014 年	2015 年	2016 年	2017 年	2018 年	2019 年
总就业量（千万人）	22.5	23.2	23.2	23.1	22.7	22.4	21.8	21.4	21.3
总增加值（万亿元）	22.7	24.4	26.2	27.8	28.2	29.7	33.3	36.6	38.6
平均 VSS	0.204	0.216	0.226	0.237	0.246	0.252	0.254	0.248	0.247

资料来源：笔者根据统计年鉴数据整理而得。

此外，为理解不同特征的行业参与国际生产分工程度的差异性，我们比较分析了按要素密集度、技术密集度和进出口类型等标准划分的不同行业的 VSS 统计特征值（见表 3-3）。结果发现，高技术行业、劳动密集型行业和出口导向型行业的 VSS 平均值要高于低技术行业。资本密集型行业和进口替代型行业，说明中国参与产品内国际生产分工的程度表现出一定的行业特征。从表 3-3 中还可以看出，资本密集型行业和劳动密集型行业两者的 VSS 相差不大，劳动密集型行业的略微大一些，与本书的假设 3-2 接近。说明中国在以劳动力比较优势参与国际生产分工的同时，资本密集型行业也较高程度地融入了国际生产分工。

表 3-3　按技术水平、要素密度划分的行业 VSS 统计特征比较

行业 VSS	高技术行业	低技术行业	出口导向型行业	进口替代型行业	劳动密集型行业	资本密集型行业
平均值	0.1377	0.1217	0.1432	0.1026	0.1395	0.1324
中位数	0.1362	0.1225	0.1389	0.1006	0.1368	0.1316
标准差	0.0598	0.054	0.037	0.0215	0.0445	0.0427
样本数	54	96	78	72	78	72

资料来源：笔者根据以上来源数据整理而得。

3.3.5 模型结果分析

本书依据马丁·福克和伊冯·沃尔夫迈尔（Martin Falk and Yvonne Wolfmayr，2007）提出的标准劳动需求方程模型，利用计量软件 EViews 6.0 软件，采用 2002～2007 年中国 25 个工业行业的面板数据，就国际产品内分工对中国的劳动需求效应进行实证分析。为避免因面板数据引起的异方差和序列相关问题，本书首先过豪斯曼（Hausman）检验判断固定效应还是随机效应。同时，考虑到国际生产分工可能存在潜在的内生性，也就是说，VSS 可能影响同期的行业工资水平和行业产出水平。我们借鉴奥尔森（Olsen，2006）的做法，即采用滞后变量方法处理“内生性”问题，具体做法是分别就当期的工资（WP_{it}）、行业产出（Y_{it}）与每期滞后一年的工资（WP_{it-1}）、行业产出（Y_{it-1}）两类情况对式（3－1）分别进行回归，以检验模型结果的可靠性。

1. 承接国际外包对中国制造业劳动需求的总量效应分析

表3－4中的模型Ⅰ和模型Ⅱ均不包含虚拟变量，即未考虑行业特征。我们用此来分析各因素对劳动总需求影响程度的差异。模型Ⅱ与模型Ⅰ的差别在于，模型增加了滞后一年的工资（WP_{it-1}）、行业产出（Y_{it-1}）两项，以此来判别是否存在严重的内生性问题。由表3－4可知，模型Ⅰ、模型Ⅱ的回归系数均显著大于零，但结果差别不大，这说明目前产品内国际分工在中国并不存在严重的内生性问题。

表3－4　产品内国际分工对劳动需求的效应分析

变量	模型Ⅰ	模型Ⅱ	模型Ⅲ	模型Ⅳ	模型Ⅴ	模型Ⅵ
常数项	2.18***	2.06***	1.97***	1.68***	1.59***	1.54***
	(12.36)	(11.87)	(10.82)	(9.87)	(9.24)	(8.68)
$\text{In}Y_{it}$	0.89***	—	0.91***	0.88***	0.79***	0.76***
	(6.74)	—	(6.82)	(6.35)	(5.69)	(5.54)
$\text{In}WP_{it}$	-0.11*	—	-0.125*	-0.128*	-0.117*	-0.09*
	(2.16)	—	(2.22)	(2.48)	(2.18)	(2.04)
VSS	0.24**	0.23**	-0.23**	-0.18**	0.19**	0.21**
	(3.46)	(3.24)	(3.67)	(3.82)	(3.18)	(3.16)
$\text{In}Y_{it-1}$	—	0.86***	—	—	—	—
	—	(7.14)	—	—	—	—
$\text{In}WP_{it-1}$	—	-0.11*	—	—	—	—
	—	(2.04)	—	—	—	—
VSS×D1	—	—	0.36***	—	—	0.28**
	—	—	(5.34)	—	—	(4.89)
VSS×D2	—	—	—	0.39**	—	0.104*
	—	—	—	(4.97)	—	(3.82)
VSS×D3	—	—	—	—	*0.08**	0.127**
	—	—	—	—	(2.74)	(7.85)

续表

变量	模型Ⅰ	模型Ⅱ	模型Ⅲ	模型Ⅳ	模型Ⅴ	模型Ⅵ
Hausman 检验	4.35	—	23.6845***	25.3141***	27.4825***	28.65
F 值	36.78	1163.56	2611.93	1105.63	2545.29	2948.35
调整后 R^2	0.8354	0.8765	0.9067	0.8952	0.9134	0.9246
样本数	150	150	150	150	150	150

注：括号内为 t 统计特征值的绝对值，***、**、*分别表示在 1%、5%、10% 的水平上显著。"—"表示无数据。

由表 3－4 可以看出，行业产出（Y）和垂直专业化程度 VSS 回归系数均显著为正，分别为 0.06 和 0.04，这说明中国参与国际生产分工程度的加深，促进了中国行业的规模发展，进而促进了中国劳动力的整体就业。值得注意的是，调节劳动供需的指示器——工资的影响很小，劳动需求对行业平均工资（WP）并不敏感，说明中国劳动就业存在行业分割，行业之间的劳动力流动很小。之所以这样，存在两种可能的解释，一是劳动力在不同部门间的流动不畅；二是劳动者囿于自身的技能水平限制而在固定行业就业。可以说，目前这两方面的因素在中国均存在。其原因在于：一方面，存在由户籍制度导致的城乡劳动力市场分割和由社保制度、工资差异和社会福利差异导致的所有制（国企和民企之间）劳动市场分割，严重阻碍了劳动力的自由流动；另一方面，中国的人力资本结构单一，主要由农村的简单劳动力转化而来，技能水平含量低，这也严重制约了劳动者在不同行业间实现工作转换。

2. 承接国际外包对中国不同行业劳动需求的结构效应分析

表 3－4 中的模型Ⅲ～模型Ⅵ是对包含虚拟变量与产品内国际分工程度（VSS）的式（3－34）的回归结果，主要考察产品内生产分工作用于劳动需求所表现出来的行业特征及行业差异。其中，模型Ⅲ、模型Ⅳ和模型Ⅴ中分别引入了虚拟变量 D_{1i}、D_{2i} 和 D_{3i}，模型Ⅵ则同时包含这三个虚拟变量。

在只引入反映行业类型的虚拟变量时，产品内国际分工对劳动需求的影响系数估计值为 $-0.23+0.36\times D_{1i}$，即对进口替代行业的影响系数为 -0.23，对出口导向型行业的影响系数为 0.13，这说明垂直专业化程度每提高 1%，进口替代行业的劳动需求将下降 0.23%，出口导向型行业的劳动需求将增加 0.13%。也就是说，发展出口导向型行业有助于解决中国的失业问题，而发展进口替代型行业正好相反，因而验证了本书的假设 3-2。在只引入反映行业要素密集度的虚拟变量时，产品内国际分工对劳动需求的影响系数的估计值为 $-0.18+0.39\times D_{2i}$，即对资本密集型行业的影响系数为 -0.18，对劳动密集型行业的影响系数为 0.21，这说明产品内国际分工对资本密集型行业的劳动需求有抑制作用，而对劳动密集型行业的劳动需求有促进作用，这又验证了本书的假设 3-3。在只引入反映行业技术密集度的虚拟变量 D_{3i} 时，产品内国际分工对行业劳动需求影响系数的估计为 $0.19+0.08\times D_{3i}$，即对低技术行业的影响系数为 0.19，对高技术行业的影响系数为 0.27，这说明国际分工对高技术行业和低技术行业的劳动需求均有促进作用，只是对在高技术行业劳动需求的促进作用更大，从而最终验证了假设 3-4。当同时引入 D_{1i}、D_{2i} 和 D_{3i} 时，VSS 以及 3 个虚拟变量与 VSS 交叉项的系数估计值仍然均为正值，同样证明了假设 3-2、假设 3-3 和假设 3-4 仍成立。

3.4 本章小结与政策启示

3.4.1 本章小结

本书从国际产业转移承接国的角度，基于面板数据模型实证考察了承接国际外包对中国 2002～2019 年劳动需求的总量效应和结构效应。得出的主要结论有：（1）参与产品内的国际生产分工有助于发挥中国的比较优势，解决中国的就业问题。（2）行业特征对产品内生产分工的劳动需求效应存在很大差异，产品内国际生产分工对出口导向型行业、劳动密集型行业和高技术行业的劳动需求增长的促进作用较大，而进口替代型行业和资本密集型行业给中国劳动力就业带来了负面影响。

3.4.2 政策建议

本书的研究结论有以下三点政策启示。

1. 促进产业结构调整，发展合理的产业结构

国际产业转移与产品内国际生产分工的本质就是充分利用各国的比较优势，实现全球范围内资源的优化组合，使之得到有效配置。顺应经济发展规律，积极参与新的国际生产分工，要求中国发挥自己的比较优势，顺应时代潮流进行产业结构调整。从本书研究成果来看，中国应多发展以出口为导向的、劳动密集型行业或者高技术行业，这不仅可以使中国的产业结构得到优化，还可以充分发挥中国的比较优势，促进中国的劳动力就业，提高中国产业的国际竞争力。

2. 消除行业就业壁垒，促进行业间就业流动

现代经济社会生活中，劳动力就业的特点之一就是高流动性。一方面，是劳动力市场竞争的结果；另一方面，是现代产业结构变化和技术进步的要求。现代国际生产分工是出现结构性转移，技术进步日新月异，要求产业工人的技能水平相应提高。一个高流动性的，充满竞争活力的劳动力市场，可以通过优胜劣汰、搜寻匹配来达到促进技术进步、实现劳动力资源与产业结构相匹配、劳动者技能迅速提高的效果。目前中国还存在着制度差异造成的各种劳动力市场分割，这些都严重阻碍了中国劳动力在行业之间的健康流动，劳动者技能水平提高缓慢，难以适应现代产业结构调整和技术进步的需要。因此，我们应该消除各种行业就业壁垒，如取消就业流动的户籍限制，促进劳动力的健康流动。

3. 提高劳动者技能水平，促进人力资本结构升级

国际产业转移越来越向高技术方向发展，对承接地劳动者的文化素质和技能水平的要求越来越高。中国劳动者的结构以简单劳动为主，产业工人大多由农村剩余劳动力转移而来，结构单一、技能水平较低。2008年以后，出现的“技工荒”和“高薪蓝领”现象，本质上是中国人力资本结构不能适应国际产业转移要求的体现。鉴于此，中国应该针对在岗工人，积极开展职业技能培训，提高产业工人的技能水平；切实改变职前教育中“重文化教育，轻职业教育”的现象，大力发展职业教育，引导部分高校向职业教育转轨；同时，加强对高科技人员和研发人员的培养，形成多层次、多功能的复合型人力资本结构，使得中国在国际生产分工中不仅局限于高科技产品的加工环节和组装环节，还能够参与高科技产品的研发和设计等环节中去，才能既促进中国就业问题的解决，又在未来的产业竞争中处于有利位置。

4　外包的生产率效应实证研究

4.1　已有文献回顾

4.1.1　理论文献

外包对生产率影响的研究，主要从微观角度和中观角度研究外包的生产率效应。在微观角度，多从发包方和承包方的纵向联系，来分析外包对企业间纵向技术溢出效应影响的渠道或路径。在中观角度上，多以行业为研究层面，分析外包对发包方行业，或企业，或承包方行业，或企业生产率提高的促进作用。

派克和萨吉（Pack and Saggi，2001）先研究了上下游垂直联系对技术纵向扩散的激励问题，认为技术的上游扩散对发达国家公司有利，因为减少了上游产品供给的竞争，更有利于发达国家公司对上游投入品的控制，这种控制使得竞争对手难以进入下游产品的生产，可以有效阻吓竞争对手的进入，因此，外包可以激励发达国家公司进行技术转让，有利于增强技术的上游纵向溢出效应。

高（Goh，2002）在派克和萨吉（2001）的基础上，研究上下游买卖双方通过上下游纵向联系实行技术双向扩散的激励机制。该文献假设承包方（即上游供应商）并不是技术转让的被动接受方，为了能完全吸收、利用引进的技术，上游供应商也要付出技术努力，并将公司的技术努力内生化。假设其生产成本与技术努力成反比。这样，就会对上游技术扩散存在一个反馈效应，即存在下游扩散。其结论认为，当现任供应商提高效率的成本很高时，就会对技术的上游扩散（即扩散给潜在的上游投入品生产者）有激励作用，而对下游扩散有抑制作用。因为这加剧了上游竞争和下游竞争。与此相反，在现任供应商提高效率的成本很低时，就会对技术的上游扩散有抑制作用，而对下游扩散有激励作用。因为这减少了供应商的技术努力。

龙（2005）构建了一个两国，两公司生产模型来分析外包对技术溢出发生的可能。其假设存在两个国家：母国和外国，两个公司：公司1和公司2。其中，公司1可以在国内和国外进行生产，其生产商品1，公司2生产商品2，且只能在国外生产，两种商品之间非完全替代。在生产达到均衡时，外包发生的前提是必须在低工资国家进行人员培训，而这种培训有助于公司战胜竞争对手。这时，外包公司的边际成本是培训成本，边际收益是在国外生产带来的成本节约，一个公司是否选择外包方式生产，需比较其边际收益与边际成本孰大孰小。

哈塔尼（Hatani，2008）则从全球价值链视角，以中国为例，分析了技术溢出效应的拦截机制，揭示了大多数发展中国家技术溢出效应不显著的结构原因，认为过度引进外资和外资结构缺陷是限制技术溢出的主要原因。

从宏观层面和中观层面分析外包的生产率效应的理论文献很少，大多数是从实证角度去研究外包的生产率效应。梅里兹（Melitz，2003）、赫尔普曼、梅里兹和耶普（Helpman，Melitz and Yeaple，2003）研究了同一部门、不同公司服务国外市场的战略决策。该文献假设一个发达国家公司存在四种战略选择：本公司垂直一体化生产、将中间产品外包给国内公司、将中间产品外包给低收入国家公司及在低收入国家直接投资生产。允许公司之间存在生产率差异，发现生产率较低的公司仅为国内市场提供外包服务，而生产率高的公司同时为国内市场和国外市场提供外包服务。赫尔普曼和耶普（Helpman and Yeaple）也发现，在公司面对几个不同的国外市场时，生产率越高的公司越可能采用 FDI 形式，而生产率较低的公司越可能采用出口贸易方式，且在生产率差异越大的部门，越会采用加盟销售方式。赫尔普曼和耶普的研究方法强调同一产业中企业之间的差异，而很少考虑公司在获得中间投入品时采用何种组织形式。安瑞思（Antràs，2005）认为，外包会提高整体经济的生产率。因为外包实际上是生产分工的细化和深化，产生新的企业取代旧的企业，根据熊彼特的创造性破坏理论，将有助于促进经济社会的生产率。在实证研究文献中，大多数从发包方角度证实国际外包对生产率的提高有积极影响。

4.1.2 实证文献

从宏观层面和中观层面分析外包生产率效应的理论文献很少，大多数是从实证角度去研究外包的生产率效应。安瑞思（Antràs，2005）认为，外包会提高社会的生产率。因为外包实际上是生产分工的细化和深化，产生新的企业取代旧的企业，根据熊彼特的创造性破坏理论，将有助于促进社会的生产率。在实证研究文献中，大多数从发包方角度证实国际外包对生产率的提高有积极影响。

苏珊（Susan，2007）指出，美国国际外包的增长可能是美国统计出现了重大偏差，公司发展国际外包往往是利用国外低廉的成本优势，这种成本的节约可能已计算在企业获得的生产率增长中了，因此，外包的生产率效应可能被夸大了。

霍尔格（Holger，2007）利用爱尔兰制造企业层面的数据，研究了国际外包对生产率的影响。该文献将物质外包和服务投入做出区分，发现无论是本国公司还是外资公司，只要其参与国际外包，均有较高的生产率。霍尔格和奥菲（Holger and Aoife，2004）利用以色列电子企业数据发现，外包的生产率效应在很大程度上与外包投入品的性质有关，即与物质外包还是服务外包有关，服务外包的生产率效应要远大于物质外包。此外，企业的出口强度也影响外包的生产率，企业出口强度越大，外包的生产率效应也越大。阿莱西亚（Alessia，2004）利用意大利1985～1997年制造业部门数据分析物质外包和服务外包的生产率效应，采用三种方法度量外包。在狭义定义中，外包为同部门进口的中间投入品，在宽泛的定义中，外包为除了能源部门之外进口的所有投入品，服务外包定义为进口的所有商业服务和金融服务。实证结论显示，物质外包具有正显著的生产率效应，而服务外包的生产率效应并不明显，传统部门具有正的生产率效应，而新兴部门具有负的生产率效应。琳达（Linda，2008）利用瑞典1997～2002年企业水平数据分析了不同来源国的物质外包和服务外包的生产率效应。其研究结果表明，物质外包和服务外包均具有很强的生产率效应，其中，对亚洲等的物质外包对于瑞典企业生产率的提高作用最大，从事服务外包的企业劳动投入的生产率效应较大。福克（Falk，2008）利用14个经合组织（OECD）国家1995～2000年制造行业数据，分别分析对低收入国家和高收入国家发放外包对于全要素生产率的影响。其研究结果发现，对低收入国家发放物质外包与全要素生产率负相关，且物质外包的生产率效应并不显著。对外发放服务外包对全要素生产率（TFP）的增长具有正效应，在选定的研究样本中，服务外包能解释全要素（TFP）增长的20%。何塞（José，2008）实证了从事国际外包的企业和未从事国际外包的企业之间的生产率差异，证明从事国际外包企业的生产率比未从事国际外包业务企业的生产率要高2.5%，从而证实了安瑞思和赫尔普曼（Antràs and Helpman，2004）只有较高生产率的企业从事外包的命题。

4.2 国际外包对技术溢出效应的理论分析

4.2.1 国际外包生产率效应概念

国际外包的生产率效应（或者技术进步效应），是指国际外包的参与方由于加入国际外包生产分工所带来的本国生产率的提高。依据以索洛（Solow）为代表的新古典增长理论，一般认为生产率提高的源泉来源于技术进步，因此，一国生产率的提高反映了该国的技术进步状况。这种国际外包的技术进步效应分别由两种技术扩散过程引发，即全球国际外包生产网络内部的知识扩散和国际外包中的技术溢出。前者指习惯、文化等知识层面技术在参与国际外包分工体系中各个企业之间的扩散过程；国际外包的技术溢出效应是指，由国际外包业务所带来技术的非自愿扩散而引发的发展中国家技术水平和生产力水平的提高，即技术扩散的外部效应。

4.2.2 理论模型

本书借鉴吴（Goh，2002）的模型，说明外包行为通过发包方和承包方之间的垂直联系对技术垂直溢出的影响。欠发达国家供应商增加研发投资以减少单位生产成本的技术努力在模型中内生化。在技术转让和研发投入之后，上游技术扩散便发生了。生产中间投入品的技术在欠发达供应商之间的扩散，就产生了横向技术溢出。我们同时考察发生下游技术溢出的可能，即发达国家公司从欠发达国家公司获得技术溢出，这时，发达国家公司从欠发达国家公司获得同品质的中间投入品，但不需要承担成本。我们的主要结论是，供应商节省成本的技术努力对于技术扩散至关重要。如果供应商为了节约单位产品的成本而进行的技术投资较高，则知识向上游扩散会促进技术转移，而知识向下游扩散会抑制技术转移。但是，在技术努力成本很低时，下游的知识扩散激励了技术转让。

1. 模型假设

笔者建立的模型包含两个相联系的公司：一个为发达国家的公司（developed country，DC），另一个为欠发达国家的公司（less developed country，LDC），两者之间通过中间投入品的买卖相联系，两者之间有四个博弈阶段。发达国家公司同时拥有生产下游产品和上游产品的技术，可以使上游产品的质量达到最高值 $\overline{S}$，下游产品的生产需要一个固定成本 M，一单位的最终产品需要一单位的中间投入品。生产上游产品的技术可以转让给欠发达国家的公司，使其成为发达国家公司的供应商。为了让欠发达国家公司生产的中间投入品满足其质量要求，就会向欠发达国家公司转让技术，这样，其必然会承担一定成本。中间产品、最终产品的质量随发达国家公司的转移成本增加而提高。欠发达国家生产单位中间投入品的成本和质量均是内生的，取决于发达国家公司向其的知识扩散和自身的技术努力。我们假设发达国家的知识扩散影响供应商生产的中间投入品的质量，而欠发达国家公司的技术努力影响生产单位中间投入品的成本。

对于生产和技术投资我们做如下假设：

假设 4-1：欠发达国家公司单位中间投入品的生产成本 c^1 与其质量无关，与其付出的研发投资有关，且 $c^1 \leqslant \overline{c}$，$\overline{c}$ 为研发投资为零时的成本。

假设 4-2：欠发达国家供应商的研发投资函数为 $H(\overline{c}-c^1)$，且 $H'(\cdot) \geqslant 0$，$H''(\cdot) \geqslant 0$。

假设 4-1、假设 4-2 基本抓住了 LDC 公司为了掌握技术进行的努力和提高效率的特征。

假设 4-3：技术转移成本函数为 $I(S)$，其中，s 为中间投入品的质量，且 $s<\overline{s}$，$\overline{s}$ 为中间投入品能达到的最高质量。且 $I'(\cdot) \geqslant 0$，$I''(\cdot) \geqslant 0$。即转移技术具有成本，随着中间投入品质量的提高而增加。

2. 推导过程

两个公司的博弈程序如下：首先，在博弈的第一阶段，DC 公司要确定外包给 LDC 公司的中间投入品的质量水平和转移给 LDC 供应商的技术含量。第二阶段，LDC 公司通过技术努力来确定中间投入品的单位生产成本。在接下来的两阶段，取决于是否发生了技术溢出。我们考虑两种情形：一种情形是只发生上游溢出；另一种情形是只发生下游溢出。在第一种情形下，第三阶段将有新的中间投入品供应商加入，新加入者和在位者将会为采购商提供同质的中间投入品而展开数量竞争。在第四阶段，垄断的采购商将视中间投入品的价格为给定的，对最终产品进行定价来实现其利润最大化。在第二种只发生下游溢出的情形下，在博弈的第三阶段，垄断的LDC供应商将对中间投入品定价以达到其利润最大化的目标。在博弈的第四阶段，将会有新的最终产品制造商从LDC供应商那里购买中间投入品来与原最终产品制造商竞争，两者为消费者提供差异化的产品。我们假设供应商和采购商在做出投资决策之前能完全预见技术溢出效应是否会发生。

接下来，我们利用数据包络理论及一般的需求函数和投资成本函数分析上下游技术溢出对供应商技术努力和采购商技术转让的激励路径。我们将无技术溢出时采购商和供应商的战略决策与有技术溢出的战略决策相比较，先是与有上游技术溢出时相比，再与有下游技术溢出时相比。这将有助于我们辨别技术溢出对采购商技术转让和供应商技术努力的激励作用。

(1) 上游知识扩散。存在上游技术扩散时，我们允许新的中间投入品供应商进入，下游市场为垄断的。我们假设只有一个新的进入者，其进入投入品市场的固定成本是给定的，两个供应商将在为采购商提供同质的投入品上展开数量竞争，我们将就上游溢出效应如何影响技术转让和供应商的技术努力做出数量分析。

我们对进入者生产单位投入品的成本做如下假设：

假设4-4：进入者的单位投入品的生产成本为：$c^2=\bar{c}-\theta(\bar{c}-c^1)$，其中，$\theta\in[0,1]$，用来度量技术溢出的程度，当$\theta=1$时，表示技术完全溢出。

假设4-4考虑到新进入者可能完全获得在位LDC供应商的技术，

包括其自身技术投资获得的新技术。进入者的成本，由技术溢出系数和在位者的技术努力两个因素决定。

在古诺竞争中，在位供应商的利润为：

$$\pi^{s_1}(c^1,s)=x^1(c^1,s)[w(x^1(c^1,s),x^2(c^1,c^2(c^1);s),s)-c^1]-H(\bar{c}-c^1) \tag{4-1}$$

在式（4-1）中，x^1 和 x^2 分别为在位者和进入者在纳什均衡时，生产中间投入品的产出，w 为中间投入品的价格。由数据包络理论，我们可以得到：

$$\frac{\partial\pi^{s_1}(c^1,s)}{\partial c^1}=x^1(c^1,s)\left[\frac{\partial w}{\partial x^2}\left(\frac{\partial x^2}{\partial c^1}+\theta\frac{\partial x^2}{\partial c^1}\right)-1\right]+H'(\bar{c}-c^1) \tag{4-2}$$

当无技术溢出时，类似可以得到：

$$\frac{\partial\pi^{s_1}(c^1,s)}{\partial c^1}=-x_m{}^1(c^1,s)+H'(\bar{c}-c^1) \tag{4-3}$$

在式（4-3）中，$x_m{}^1$ 为垄断 LDC 供应商的最优产出。

在质量一定的情况下，我们注意到上游溢出效应通过两种途径激励供应商进行投资以降低中间产品的生产成本。第一，随着技术扩散，供应商的技术投资收益会降低，是因为随着竞争加剧在位者的产出也降低了。第二，溢出效应会导致策略性效应，在位者通过减少其单位产品的生产成本，减少了进入者的产量和利润。生产成本的降低会对进入者的产量产生两种完全相反的作用：一方面，有助于在位者从其竞争对手的手中抢占市场份额［式（4-2）的第一项］；另一方面，将有更多的知识被进入者学习掌握，增加其产量［式（4-2）的第二项］。进入者的产出变化是正还是负，取决于技术溢出程度。如果溢出效应很强，则策略性效应为负。在这种情形下，随着技术溢出的降低，对技术投资的激励无疑会降低。如果溢出效应很弱，技术扩散可能会激励在位者进行技术努力，因为在位者可以从进入者手中抢占市场份额。

需要注意的是，以上我们分析的是质量水平给定的情况下对供应商技术努力的激励。在质量提高时，市场对最终产品的需求会增加，从而对中间投入品的需求也会增加，因此，较多的技术转移会使边际收益曲线向上移。只要技术溢出减少成本的技术努力比无技术溢出时小，DC公司就更有动力去进行技术转让。在有技术扩散时，LDC公司也更有激励去进行技术努力。我们现在转向讨论上游竞争对技术转让的激励。

设p（s，q）为最终产品需求函数的反函数，其中，q为在位DC公司的产出，垄断DC公司的利润为：

$$\pi_{B_1}(s) = [p(s,q_m(w)) - w(s,c^1(s))]q_m(w) - I(S) - M \tag{4-4}$$

在式（4-4）中，q_m是垄断采购商的最优产出。

由数据包络理论，我们得到：

$$\frac{d\pi_{B_1}}{ds} = \left[\frac{\partial p}{\partial s} - \left(\frac{\partial w}{\partial s} + \frac{\partial w}{\partial c^1}\frac{dc^1}{ds}\right)\right]q_m(w) - \tau(s) \tag{4-5}$$

式（4-5）说明，对垄断采购商技术转让的激励，取决于其产出品质量和投入品质量提高所带来的边际收益。技术溢出对技术转让的激励，主要取决于上游竞争如何影响中间投入品的价格（这会影响采购商的产出），以及投入品价格对质量提高的反应（这将影响采购商的边际收益）。上游竞争会对中间投入品价格有两种完全相反的作用，竞争直接降低了投入品的价格，但是，LDC供应商的技术努力又降低了上游竞争程度。

（2）下游知识扩散。我们讨论采购商在对供应商进行培训后，新的DC公司进入与原DC公司竞争，将中间投入品外包给同一家供应商的可能性。我们假设新进入的DC公司掌握了下游生产技术，只有在外包的中间投入品比自己生产更便宜时才有利可获。我们假设两家公司为消费者提供差异化的产品进行数量竞争，从下面的分析我们将看到产品的差异化程度是决定技术转让的重要参数。

在式（4-3）的基础上，我们看到下游生产者的进入将激励垄断供应商增加降低成本的技术投资，因为下游竞争增加了对在位供应商产品的需求。这个效应本身倾向于降低中间投入品的价格，激励技术转让行为，但是，下游竞争降低了在位采购商的需求，降低了其对技术转让的激励。另外，技术扩散会产生策略效应，为了更清楚地分析，我们注意在位采购商的利润函数为：

$$\pi_{B_1} = [p_1(s, q_1, q_2(s, w(s, c^1(s)))) - w(s, c^1(s))]q_1 - I(s) \tag{4-6}$$

在式（4-6）中，p_1（s，q_1，q_2），q_1，q_2 分别是在位 DC 采购商需求的反函数，在纳什均衡时，两个 DC 公司的均衡产出。

由数据包络定理，我们有：

$$\frac{d\pi_{B_1}}{ds} = q_1\left[\frac{\partial p}{\partial s} - \left(\frac{\partial w}{\partial s} + \frac{\partial w}{\partial c^1}\frac{dc^1}{ds}\right)\right] + q_1\left\{\frac{\partial p_1}{\partial q_2}\left[\frac{\partial q_2}{\partial s} + \frac{\partial q_2}{\partial w}\left(\frac{\partial w}{\partial s} + \frac{\partial w}{\partial c^1}\frac{dc^1}{ds}\right)\right]\right\} - \tau(s) \tag{4-7}$$

式（4-7）括号的第一项反映了策略效应，因为任何技术转让的增加都提升了对进入者的市场需求，导致进入者扩大产出，对在位 DC 公司的利润造成损害，因此抑制了技术转让。考虑到存在两种相反的推动力，因此下游技术扩散对技术转让的净激励是不确定的。

由于技术扩散对技术转让激励的模糊性，下面我们将需求函数和投资成本函数采用特定形式，来清楚地分析各种工作的推动力。我们将准确地定义各个系数值，使得技术扩散对技术转让的激励为正或为负。

（3）线性需求函数和二次方成本函数下的知识扩散与技术转移。如上面两部分所讨论的，知识扩散通过几种方向相反的力量对技术转让和技术努力产生激励。设定各系数值来分析哪种效应导致技术溢出。为了获得直观的结论，我们将模型简单化，设最终产品的需求函数为线性的，而减少生产成本的技术投资成本函数为二次函数。我们也对系数值加以规定，使得二阶条件成立。

假设垄断的 DC 公司的需求函数为：

$$p = as - q \tag{4-8}$$

在式（4－8）中，a 为正常数。

我们可以很容易得出 DC 公司利润最大化的产出为：

$$q_m = \frac{as - w}{2} \tag{4-9}$$

在 DC 产出给定的情况下，我们可以得出 LDC 公司利润最大化时，中间产品的价格为：

$$w = \frac{as + c^1}{2} \tag{4-10}$$

投资的毛利润为：

$$\pi^{s_1} = \frac{(as - c^1)^2}{8} \tag{4-11}$$

$$\pi_{B_1} = \frac{(as - c^1)^2}{16} \tag{4-12}$$

如我们假定的博弈程序，在中间投入品的质量给定的情况下，我们可以得出供应商采取的最优投资水平，在位供应商的投资水平即式（4－13）的解：

$$\max\pi^{s_1} = \frac{(as - c^1 + \Delta c^1)^2}{8} - k(\Delta c^1)^2 \tag{4-13}$$

在式（4－13）中，$\Delta c^1(s) = \bar{c} - c^1$，k 是正常数，反映了供应商为提高效率进行技术努力的成本。

对式（4－13）求解，我们可以得到垄断供应商的最优成本：

$$\Delta c^1(s) = \frac{as - \bar{c}}{8k - 1} \tag{4-14}$$

在位供应商由式（4－14）确定最优投资水平，选择在一个最优的质量水平，使其利润最大化：

$$\mathrm{Max}\pi_{B_1} = \frac{[as - c^1 + \Delta c_m^1(s)]^2}{16} - I(s) \tag{4-15}$$

根据其一阶条件，可以得到最优质量水平：

$$\frac{8k^2a(as-\bar{c})}{(8k-1)^2}=\tau(s) \tag{4-16}$$

随着上游技术溢出和新的进入者参与中间投入品的生产，两个供应商共同面对式（4－9）所表示的行业总需求曲线。我们可以得到在位供应商投资利润为：

$$\pi^{s_1}=\frac{(as+\bar{c}-\theta(\bar{c}-c^1)-2c^1)^2}{18} \tag{4-17}$$

在位供应商的最优成本为：

$$\Delta c^1(s,\theta)=\frac{(as-\bar{c})(2-\theta)}{18k-(2-\theta)^2} \tag{4-18}$$

式（4－18）说明，最优成本随着技术努力 k 和技术溢出 θ 增大而减小。最优成本随着技术溢出增大而减少说明技术扩散越充分，竞争越激烈，在位供应商减少产出的策略效应越具有负面影响。

下面，我们对 DC 公司技术转移的战略决策求解：

$$\max\pi_{B_1}=\frac{[2as-2\bar{c}+(1+\theta)\Delta c^1(s)]^2}{36}-I(s) \tag{4-19}$$

一阶条件为：

$$\frac{a(as-\bar{c})}{18}\left[\frac{36k-2(2-\theta)^2+(1+\theta)(2-\theta)}{18k-(2-\theta)^2}\right]^2=\tau(s) \tag{4-20}$$

比较式（4－20）和式（4－16），我们可以看到，技术转移会随着技术扩散而加大。

如果，

$$\left[\frac{12k-2+3\theta-\theta^2}{18k-(2-\theta)^2}\right]\geqslant\frac{4k}{8k-1} \tag{4-21}$$

总结已有研究结果发现，如果技术接受者因为技术投资成本太高，没有动力进行技术努力，则上游技术扩散促进了技术转让，但是，如果供应商进行技术努力的成本不高，上游技术扩散将降低投资成本，反过来，又阻碍技术转让。

从以上结果我们可以得到两点政策含义：第一，当供应商从事技术努力的成本很高时，比如，由于人力资本较低，或者是缺少工业基础，鼓励技术在当地公司间扩散是可取的，因为竞争激烈的中间投入品市场有助于激励采购商进行技术转让。但是，一旦公司爬上技术阶梯，能够通过技术努力弥补国外采购商的技术，这时，技术扩散将抑制而不是激励技术转让。第二，假设没有政府干预，产业也没有技术扩散，技术努力的成本也很高。鼓励技术投资，如对研发进行补贴，或者激励技术扩散来提高技术转让，那么，这两种政策不一定会激励技术转让。

现在，考虑下游市场进入竞争者的情形，我们假设进入者向消费者销售一种与在位 DC 公司有差异的产品。这两个公司的需求函数分别为：

$$p_1 = as - bq_2 - q_1 \tag{4-22}$$

$$p_2 = as - bq_2 - q_1 \tag{4-23}$$

式（4－22）和式（4－23）中系数 $0 \leqslant b \leqslant 1$，表示两种最终产品的差异程度，b 越小，表示差异越大。若要求出古诺博弈的均衡解，我们需知道中间投入品的价格函数。在位供应商的利润函数为：

$$\pi^{s_1} = \frac{(as - c^1)^2}{2(2+b)} \tag{4-24}$$

最优成本为：

$$\Delta c^1(s) = \frac{(as - \bar{c})}{2(2+b)k - 1} \tag{4-25}$$

将式（4－25）与式（4－4）相比较，我们注意到，在同样的质量水平 s 下，在有下游技术扩散时，降低的成本要高。这是因为下游竞争提高了最终产品的产量，也就提高了中间投入品的产出。中间投入品的高需求，相应增加了供应商的技术努力。b 越小，市场规模扩展越大，单位投入品的成本越低。

在位采购商对式（4－26）求解：

$$\text{Max}\,\pi^{s_1} = \frac{(as - c^1 + \Delta c_1^1(s))^2}{4(2+b)^2} \tag{4-26}$$

一阶条件为：

$$\frac{2k^2a\ (as-\bar{c})}{[2\ (2+b)\ k-1]^2}=I'\ (s) \tag{4-27}$$

比较式（4－16）和式（4－27），我们发现只有在不等式（4－28）成立时，下游扩散才促进技术转让：

$$bk\leqslant 1/4 \tag{4-28}$$

式（4－28）意味着，DC 公司之间竞争程度越低（b 越小，表示两者产品替代性越低），提高效率的成本越低（k 越小），越可能进行技术转让。如上讨论，技术努力的成本很低时，供应商关于降低成本的激励是决定投入品价格的重要因素。上游进入者通过激励供应商进行技术努力，使得投入品的价格显著下降。B 越小，成本降低越多，其对在位 DC 公司产出的正效应被下游竞争的负效应所抵消。两个 DC 公司产品的替代性越低，下游竞争的负效应越小。

这个结果有两个政策含义：第一，当技术努力的成本很高时，鼓励下游扩散可能减少技术转让，尤其是最终品差异不大时。当投资成本低时，即使两个 DC 公司的最终产品完全替代，下游溢出也会激励技术转让。第二，与上游溢出相反，应该结合使用鼓励下游扩散和鼓励技术努力的政策。因为在技术努力的成本低时，下游扩散将对技术转让产生积极影响。

3. 结论

国际外包的盛行，为发展中国家从发达国家获得较大的技术溢出提供了机会。理解跨国公司对其中间产品供应商进行技术转移的经济激励，为发展中国家政策制定者所关注。本节我们主要集中研究影响技术转移激励的因素——技术扩散。我们认为，技术扩散对技术转移的激励，主要取决于技术扩散对 LDC 供应商进行技术努力的激励。

在模型中，将供应商的技术努力当作生产成本的降低，我们发现，如果提高生产效率的成本很高时，供应商之间的技术溢出对技术转让有激励作用，因为供应商的竞争使得投入品产业发生价格竞争。但是，下游技术溢出抑制技术转让，因为导致采购商之间发生竞争。如果以较低的成本就能提高生产效率，投入品的价格竞争可以通过激励在位供应商减少成本获得，这将微弱激励上游技术溢出，并为下游企业引入更多的竞争者竞争。另外，当市场进入是完全自由时，下游的新进入者也会使得上游产业的价格竞争更激烈。因此，下游技术扩散尽管增加了下游竞争，同时也可能促进技术转让。

模型的政策含义是：我们应该鼓励本地公司进行技术努力，因为其技术努力可以弥补采购商的技术，对采购商进行技术转让有激励作用。但是，要谨慎鼓励供应商之间的技术扩散。一个国家对供应商的吸引力取决于该国的技术竞争力，也取决于对供应商进行技术创新的激励。技术扩散是否为激励技术转让的有效手段，取决于技术努力的成本。

4.3　承接国际外包对中国生产率效应的实证研究

4.3.1　国际外包分工中的技术扩散机制

跨国公司是国际生产分工的主要载体，可以在世界各国进行直接投资、设置分公司或通过外包来有效利用各地的资源，降低生产成本，增强国际竞争力。各国也通过发展本土与跨国公司的配套企业及企业网络，以承接国际外包的方式切入全球价值链（GVC），形成全球的生产网络。在全球生产网络中，知识的产生和技术转移是一个动态过程，知识所具有的流动性通过组织提供的人员规模得以不断放大，新的知识在流动过程中也得以不断产生。在全球生产网络中，采购商与供应商之间通过信息交流、人员培训和技术转让等途径，为产业间技术扩散提供了桥梁。通过发包—接包环节，中间投入品供应商一方面，获得了与知识源（采购商）接触的机会，获得知识扩散；另一方面，供应商加入全球生产网络，也使其获得“干中学”的知识积累和创造条件。采购商向供应商进行技术转让，会导致技术在供应商之间扩散。通过生产资料交流、实地考察和员工接受培训等过程，技术在采购商和供应商之间产生纵向溢出（垂直溢出）。随着获得知识转移人员的增加和生产活动的开展，结合供应商自身的技术努力，在供应商内部便会产生显性知识和隐性知识的相互转化，并且伴随着知识的积累。这一过程将会加快和深化，最终得以逐步建立并不断完善自己的知识体系，提高自身竞争力，进而实现在全球生产网络中角色的提升。另外，随着新的供应商的加入和人员的流动，就在供应商之间产生了横向技术溢出。

（1）市场竞争和技术示范效应。国际外包分工形成全球化的生产网络系统，借助于下游跨国公司的销售渠道，扩大了其产品市场边界，将直接在国际市场参与竞争，其竞争程度超过了国内市场，也加剧了国内市场竞争。一方面，这会激励本土企业学习先进技术，加强技术创新；另一方面，国际间贸易的发展，将有助于先进企业向落后企业展示其先进的设计、工艺、管理方式及其盈利性，促进“物化”的技术溢出。

（2）产业前后向垂直联系。国际外包的国际分工将产品按照工序分工，不同的工序在不同国家内完成，形成完整的国际产业链。不同国家分别加入产品的研发与设计、原材料供应、中间产品加工、最终产品组装和终端市场销售等各个环节，各个国别的企业形成了产业内前后向纵向联系。在产业链中，一方面，掌握了先进技术的下游企业，为了保证中间投入品的质量达到其产品质量要求，会向上游企业进行技术转移，产生上游技术溢出；另一方面，技术转移促进了上游中间供应品竞争加剧，激励上游企业进行技术研发投入，实现技术创新，从而有助于促进中间投入品质量的提高，而中间投入品技术含量和质量的提高，有助于促进最终产品质量的提高，从而促进下游技术溢出。

（3）人力资本的流动与交流。采购商为了保证供应商生产的中间投入品满足其质量要求，一方面，可能会对供应商进行技术转让，提供相关的生产工艺流程说明、产品规格与数据等相关书面资料；另一方面，会对供应商的员工进行理论、实际操作的培训，这些渠道有助于促进产业间的技术溢出。另外，国际外包的发展为劳动要素的跨国界流动和内资外资企业间员工的流动创造了更广阔的空间，内化在人力资本间的技术更迅速地在同产业的不同企业间扩散。劳动流动越频繁，流动劳动者素质越高，技术扩散越迅速。

本节我们将采用1998～2018年中国30个行业的面板数据，利用马尔姆奎斯特（Malmquist）指数测算中国各行业的生产率，并将全要素生产率分解为技术进步和技术效率，实证分析物质外包和服务外包对中国技术进步和技术效率的影响。

4.3.2 模型选择

假设i行业的生产函数为：

$$Y_i = A_i(INSS_i, INSM_i)F(L_i, K_i, M_i, S_i) \tag{4-29}$$

即产出为劳动、资本、物质投入、服务投入和技术水平的函数，其中，技术水平是物质外包和服务外包的函数。在产出给定的条件下，企业根据成本最小化可得到对各种投入品的需求方程，进而可以得到艾米提和魏（Amiti and Wei，2005）所运用的实证方程：

$$TFP_{it} = C_0 + C_1 Ink_{it} + C_2 InL_{it} + C_3 INSS + C_4 INSM_{it} + C_5 RDIN + \alpha_i + \mu_i + \varepsilon_{it} \tag{4-30}$$

4.3.3 变量选择

Y为行业全要素生产率、技术进步率或技术效率，采用DEA方法测算。

K为行业资本投入，本书采用张海洋（2005）的做法，使用《中国统计年鉴》公布的固定资产年均余额表示物质资本投入，并以工业出厂品价格指数调整，基期为1998年。

L为行业的劳动投入，用行业年均就业人数表示。

INSS为行业服务外包率，由于本书主要考察中国承接外包的生产率效应，故采用指标为哈默尔（Hummel）的垂直专业化指数，具体数据将采用第2章中关于外包指数的测度。VSS_i 是i行业t期的垂直专门化指数，表示i行业参与产品内国际生产分工的程度，参照大卫·哈默尔斯（David Hummels，2001）的计算方法，其计算公式为：

$$VSS = \frac{1}{X}\sum_{j=1}^{n}\left(\frac{M_{ij}}{Y_i}\right)X_i = \frac{1}{X}\mu A^M(1 - A^D)^{-1}X^V \quad (4-31)$$

在式（4-31）中，X为总出口量，M_{ij} 为i行业从j行业进口的中间商品，Y_i 是i产业的总产出，X_i 为i行业的出口量，A^M 是进口的中间产品的依存系数矩阵，A^D 为国内消耗系数矩阵，X^V 为出口向量。由式（4-31）可知，垂直专门化指数表示，进口中间投入品中用于生产出口商品的那部分占总出口的份额。从理论上来说，垂直专门化指数的值介于0和1区间，该值越接近于0，表示进口的中间投入品用于出口的越少；该值越接近于1，表示进口的中间投入品用于出口的越多。实际上，该指数反映了一国从国外进口的中间投入品加工为成品后再将之出口的程度，因此，有人把它当作国际外包中承接外包程度和中间品贸易程度的度量指标（Daniel Horgos，2007）。本书在此也将其作为度量承接国际外包程度的指标。

在此基础上，我们将外包的承接率分解为物质外包承接率和服务外包承接率。物质外包承接率指，进口的物质中间投入品用于出口的部分占总出口之比，即式（4-31）中j指从各种物质部门进口的原材料等物质中间投入品，包括从第一产业部门、第二产业部门的产品投入。服务外包承接率指，进口的服务中间投入品用于出口的部分占总出口的比例，即式（4-31）中j指进口的各种服务投入品，如通信服务、交通运输服务等。

INSM 为行业的物质外包率，采用指标及数据来源同上。

RDIN 为行业的研发强度，用行业增加值除以行业研发投入，用来测度企业研发对行业生产率的影响。

4.3.4 行业全要素生产率的测算及分解

在本书中，我们把每一个行业单位看作一个生产决策单元，运用由菲尔（Fare，1994）改造的基于 DEA 的马尔姆奎斯特（Malmquist）指数方法来估算全要素生产率的变动情况。把每个行业的生产同最佳实践前沿进行比较，如果前沿发生前移，则中国的技术发生进步，如果技术前沿未发生前移，只是相对技术前沿发生移动，就是行业生产单元的效率发生变化，从而对效率变化和技术进步进行测度。

测度生产单元效率的 DEA 方法可以基于产出（即在投入相同的情况下，比较产出），也可以基于投入（即在产出相同情况下，比较投入）。本书采用基于产出的 DEA 方法，测度和分解全要素生产率。

从 t 期到 t+1 期，度量生产率变化的马尔姆奎斯特指数可以表示为：

$$M_0(x_{t+1,}y_{t+1},x_t,y_t)=\left[\frac{d_0^t(x_{t+1},y_{t+1})}{d_0^t(x_t,y_t)}\times\frac{d_0^{t+1}(x_{t+1},y_{t+1})}{d_0^t(x_t,y_t)}\right]^{1/2} \tag{4-32}$$

在式（4-32）中，（x_{t+1}，y_{t+1}）和（x_t，y_t）分别为 t+1 期和 t 期的投入产出向量；$d_0^{t=1}$ 和 d_0^{t+1} 分别表示以 t 期技术 Tt 为参照的 t 期和 t+1 期的距离函数。

以 t 期技术为参照，基于产出角度的马尔姆奎斯特生产率指数可表示为：

$$M_0^t(x_{t+1,}y_{t+1},x_t,y_t)=\left[\frac{d_0^t(x_{t+1},y_{t+1})}{d_0^t(x_t,y_t)}\right] \tag{4-33}$$

类似地，以 t+1 期技术为参照，基于产出角度的马尔姆奎斯特生产率指数可以表示为：

$$M_0^{t+1}(x_{t+1},y_{t+1},x_t,y_t)=\left[\frac{d_0^{t+1}(x_{t+1},y_{t+1})}{d_0^{t+1}(x_t,y_t)}\right] \tag{4-34}$$

为了避免时期选择的随意性可能导致的差异，卡夫（Caves，1982）以式（4-32）和式（4-33）的几何平均值作为衡量从 t 期和 t+1 期生产率变化的马尔姆奎斯特生产率指数。若该值大于 1，则表明从 t 期和 t+1 期全要素生产率是增长的。马尔姆奎斯特生产率指数还可以分解为效率提高（technical efficiency change）效应和技术进步（technology progress）效应。其分解过程如下：

$$M_0(x_{t+1},y_{t+1},x_t,y_t)=\frac{d_0^{t+1}(x_{t+1},y_{t+1})}{d_0^t(x_t,y_t)}\times\left[\frac{d_0^t(x_{t+1},y_{t+1})}{d_0^{t+1}(x_{t+1},y_{t+1})}\times\frac{d_0^t(x_t,y_t)}{d_0^{t+1}(x_t,y_t)}\right]^{1/2}$$

$$=EC\times TP \tag{4-35}$$

为了度量马尔姆奎斯特生产率指数，需要借助线性规划方法计算有关投入和产出的各种距离函数。对于计算从 t 期和 t+1 期第 i 个省（区、市）的全要素生产率变化，需要度量如下四个基于 DEA 的距离函数：

函数 1：

$$\frac{1}{d_0^t(x_t,y_t)}=\max\theta_i \tag{4-36}$$

$$\text{s. t.}\quad \theta_i y_{i,t+1}+\lambda y_{t+1}\geqslant 0 \tag{4-37}$$

$$x_{i,t+1}-\lambda x_{t+1}\geqslant 0 \tag{4-38}$$

$$\lambda\geqslant 0 \tag{4-39}$$

函数 2：

$$\frac{1}{d_0^t(x_{t+1},y_{t+1})}=\max\theta_i \tag{4-40}$$

$$\text{s. t.}\quad \theta_i y_{i,t+1}+\lambda y_{t+1}\geqslant 0 \tag{4-41}$$

$$x_{i,t+1}-\lambda x_{t+1}\geqslant 0 \tag{4-42}$$

$$\lambda\geqslant 0 \tag{4-43}$$

函数 3：

$$\frac{1}{d_0^{t+1}(x_{t+1}, y_{t+1})} = \max\theta_i \tag{4-44}$$

$$\text{s. t.} \quad \theta_i y_{i,t+1} + \lambda y_{t+1} \geqslant 0 \tag{4-45}$$

$$x_{i,t+1} - \lambda x_{t+1} \geqslant 0 \tag{4-46}$$

函数 4：

$$\frac{1}{d_0^{t+1}(x_t, y_t)} = \max\theta_i \tag{4-47}$$

$$\text{s. t.} \quad \theta_i y_{i,t+1} + \lambda y_{t+1} \geqslant 0 \tag{4-48}$$

$$x_{i,t+1} - \lambda x_{t+1} \geqslant 0 \tag{4-49}$$

4.3.5 数据来源与统计特征描述

模型变量中各行业就业人数、行业增加值均来自历年《中国工业统计年鉴》，物价指数、行业平均工资来自历年《中国统计年鉴》，进出口数据来自国务院发展研究中心信息网对外贸易数据库。需要说明的是，中国海关对进出口贸易的统计是以商品为基础，对进出口商品的分类采用国际上通用的协调编码制（HS），与工业行业分类采用的国际工业分类标准（ISIC）不同。为了获得各行业的进出口数据，本书对两种分类标准加以协调，依据进出口商品的属性按照工业行业分类标准和投入产出表行业对其进行重新归集，同时，略去煤气生产和供应业、自来水生产和供应业等垄断性较强、贸易额较小的行业，得到 19 个制造业和 12 个服务行业数据，各变量的统计特征如表 4－1 和表 4－2 所示。

表 4－1　1995～2018 年中国 24 个行业的 Maimquist 生产率指数及其分解

行业	Maimquist 生产率指数	技术进步指数	技术效率指数
煤炭采选业	1.0283	1.0333	0.9933
石油和天然气开采业	1.0117	1.0283	0.9867
金属矿采选业	1.0167	1.0235	0.9967
非金属矿采选业	0.9724	1.0042	0.9683

续表

行业	Maimquist 生产率指数	技术进步指数	技术效率指数
食品饮料制造及烟草加工业	0.9817	1.0123	0.9717
纺织业	1.0183	0.9956	1.0236
服装皮革及其他纤维制品制造业	1.0116	1.0552	0.9726
木材加工及家具制造业	0.9833	1.0317	0.9783
造纸印刷及文教用品制造业	1.0267	1.0324	0.9684
石油加工及炼焦业	1.0062	1.0253	0.9816
化学原料及化学品制造业	1.0163	1.0265	0.9912
医药制造业	1.0138	1.0112	0.9917
非金属矿物制品业	1.0153	1.0284	0.9752
金属冶炼及压延加工业	1.0382	1.0217	1.0621
橡胶塑料制品业	1.0161	1.0368	0.9763
金属制品业	0.9986	1.0264	0.9729
通用机械制造业	1.0154	1.0219	0.9926
专用设备机械制造业	1.0138	1.0324	0.9819
交通运输设备制造业	1.0112	1.0223	0.9892
电气机械及器材制造业	1.0148	1.0269	0.9882
电子及通信设备制造业	1.0165	1.0295	0.9674
仪器仪表及文化办公用机械制造业	1.0096	1.0126	0.9971

资料来源：笔者根据 DEA-solver 5.0 软件运行结果整理而得。

表 4-2　　　　　　各解释变量统计特征

项目	行业增加值（亿元）	就业人数（万人）	资本投入（元）	物质外包率（%）	服务外包率（%）	总外包率（%）
平均值	1013	299	5585	0.1615	0.0068	0.1683
中位数	863	290	5185	0.1615	0.0066	0.1680
最大值	3580	690	11220	0.3399	0.0183	0.3570
最小值	73	44	2958	0.0593	0.0018	0.0611
标准方差	680	179	1691	0.0644	0.0031	0.0671

资料来源：笔者根据历年统计年鉴数据计算整理而得。

4.3.6 实证结果

本书依据艾米提和魏（Amiti and Wei，2005）提出的实证方程模型，利用计量软件 EViews 6.0，采用 1995～2007 年中国 23 个工业行业面板数据，就国际外包对中国工业的生产率效应进行实证分析。在实证过程中，分别以马尔姆奎斯特生产率指数、技术进步指数和技术效率指数为被解释变量，进行回归实证。不仅分析外包对生产率的影响，而且，进一步分析其对于生产率影响的途径，是通过影响技术进步还是影响效率来影响生产率。为避免因面板数据引起的异方差和序列相关问题，本书先通过豪斯曼（Hausman）检验判断固定效应还是随机效应。实证结果如表 4－3 所示。

表 4－3　　国际外包生产率效应的实证回归结果

变量	回归方程Ⅰ（TFP）		回归方程Ⅱ（EC）		回归方程Ⅲ（TP）	
	回归系数	t 统计量	回归系数	t 统计量	回归系数	t 统计量
InK	0.0128	3.1615	0.0054	1.8653	0.0076	2.1268
InL	－0.0096	－2.4629	－0.0064	－2.1386	－0.0042	－2.8674
INSS	0.0114	6.2783	0.0082	5.1364	0.0052	3.9584
INSM	0.01067	5.2714	0.0098	4.2865	0.0047	3.6872
INRD	0.0208	9.2468	0.0097	3.5879	0.0128	5.0367
Hausman 检验	22.9634		25.6742		23.7368	
F 值	186.59		197.34		176.84	
R^2	0.6474		0.5876		0.6342	
样本数	299		299		299	

资料来源：笔者根据 Eviews 6.0 软件运算结果整理而得。

从表 4－3 可以看出，三个方程的拟合度均在 0.5 以上，说明各解释变量较好地解释了被解释变量。

（1）国际外包对全要素生产率影响的分析。在第一个回归方程中，我们看到 InK、InL、INSS、INSM 和 INRD 的回归系数均显著异于零，说明解释变量对中国行业马尔姆奎斯特生产率指数有较好的解释。其中，InK、INSS、INSM 和 INRD 均显著为正，INRD 回归系数最大为 0.02，说明行业研发投入每提升 1%，中国马尔姆奎斯特生产率指数上升约 0.02，说明对中国生产率作用最大的来自自主创新。INSS 的回归系数较 INSM 较大，说明服务外包对生产率的提升作用要大于物质外包。资本回归系数为正，说明行业资本深化有助于提高中国的生产率。劳动的回归系数为负，说明过度使用劳动力不利于提高中国的生产率。

（2）国际外包对技术效率影响的分析。在第二个回归方程中，我们看到 InK、InL、INSS、INSM 和 INRD 的回归系数均显著异于零，说明解释变量均对中国行业的技术进步有较好的解释。其中，InK、INSS、INSM 和 INRD 均显著为正，INRD 回归系数最大为 0.0097，说明行业研发投入每提升 1%，中国技术效率上升约 0.0097，这说明研发活动的“双面性”，不仅有助于促进中国的技术进步，而且，有助于提高中国对国外先进技术的吸收能力。INSS 的回归系数较 INSM 较大，说明服务外包对技术效率的提升作用要大于物质外包，原因在于现代新型技术含量高，通过人员交流更易于传播。资本回归系数为正，说明中国行业资本深化有助于提高中国的生产率。劳动的回归系数为负，说明过度使用劳动力不利于提高中国的生产率。

（3）国际外包对技术进步影响的分析。在第三个回归方程中，我们看到 InK、InL、INSS、INSM 和 INRD 的回归系数均显著异于零，说明解释变量均对中国行业的技术进步有较好的解释。其中，InK、INSS、INSM 和 INRD 均显著为正，INRD 回归系数最大为 0.0097，说明行业研发投入每提升 1%，中国技术效率上升约 0.0097。这说明研发活动的“双面性”，不仅有助于促进中国的技术进步，而且，有助于提高中国对国外先进技术的吸收能力。INSS 的回归系数较 INSM 较大，说明服务外包对技术效率的提升作用要大于物质外包，原因在于现代新型技术含量高，通过人员交流更易于传播。资本回归系数为正，说明中国行业资本深化有助于提高中国的生产率。劳动的回归系数为负，说明过度使用劳动力不利于提高中国的生产率。

4.4　本章小结与政策启示

4.4.1　本章小结

本章先对生产率的概念进行了区分，接着，就承接国际外包影响生产率进行了理论分析和途径分析，最后，就承接国际外包的生产率效应进行了实证分析，得到如下结论：（1）自主研发是中国生产率提高的主要因素，其原因在于自主研发具有“双面性”：一方面，研发活动有助于创造和发现新知识直接促进技术进步，提高中国的技术水平；另一方面，技术水平的提高，有助于提升中国企业吸收国外先进技术的能力，扩大技术溢出效应。（2）国际外包有助于提高中国的生产率。其中，服务外包的生产率效应要大于物质外包，服务外包在促进技术进步和提高技术效率方面均有较大作用。（3）资本投入有助于提高行业生产率，而劳动投入既不能提高技术水平，也不能促进技术进步，因而也不能提高生产率。

4.4.2　政策建议

以上研究具有以下两点政策启示。

1. 加大研发投入，大力发展自主研发

在科学技术发展日新月异和全球经济联系越来越紧密的现实当前，学习和引进发达国家的先进技术是发展中国家提高本国技术水平、发挥本国比较优势和后发优势、促进本国产业结构升级、增强本国产业国际竞争力的有效途径。但是，在现实中我们发现，发展中国家在对外开放过程中常常出现产业空心化和核心技术边缘化的趋势，其根本原因就是发展中国家在对待国外的先进技术中，过度依赖国外技术，忽视自主研发，注重引进而忽视吸收，在忽视自主研发的过程中丧失了创新能力和吸收能力。在当今全球经济危机和人类发展日益受到自然资源和环境条件约束的背景下，新能源和新技术革命破茧在即，中国应该加大研发投入，抓住此次技术革命和产业革命的契机，促进中国经济增长方式由资源投入驱动向创新驱动，外需驱动向内需驱动，投资驱动向消费驱动转变。

2. 大力发展国际外包业务，尤其是国际服务外包业务

在加强自主研发的同时，充分学习和引进国外先进技术，也是中国实现技术进步产业升级和经济转型的重要途径。大力发展国际外包，从微观上讲，加强了本国企业与国外企业的联系，有助于提高中国的技术水平和管理水平，进一步促进技术效率提高，强化技术的溢出效应。经济全球化和服务业化是当今经济发展的两大趋势，技术密集度高的研发环节、附加值高的市场销售环节逐渐从制造生产环节剥离开来，成为生产性服务业和流通性服务业，是当代生产分工不断细化和深化的体现。在此趋势下，发达国家逐渐将部分服务业外包给发展中国家，中国应抓住这次国际产业结构契机，大力发展国际服务外包，一方面，服务外包更有利于中国吸收和学习国外先进技术，占领国外市场，实现产业升级和价值链升级；另一方面，有助于中国经济向服务型经济转型。

5 国际外包与中国产业结构优化升级——基于全球价值链视角

随着国际生产分工的深化和细化，国际外包业务迅速发展成为20世纪末以来世界经济发展的重要特征。这种将生产过程分工序、分区段的分工方式，扩大了比较优势的范围，为广大发展中国家融入全球经济提供了机遇和挑战。一方面，发展中国家加入国际外包，有助于吸收发达国家的先进技术和管理水平，促进本国技术进步和产业结构升级；另一方面，由于国际外包中处于主导地位的是发达国家的企业，这些跨国公司仅将自身不具备优势的生产环节外包给发展中国家，专业集中于研发环节和市场环节。国际外包的发包商可能对承包商施加控制，截断其下游环节，控制市场，还可能通过研发优势抑制其研发热情，最终使得发展中国家技术锁定，失去获得核心技术的能力；失去自创品牌和拓展市场的能力，在全球价值链中处于价值锁定，处于低价值的生产环节和加工环节，使其国际生产分工地位得不到实质性提升。因此，研究承接国际外包对发展中国家产业升级的影响，成为发展中国家迫切需要解决的问题。

5.1 产业升级内涵分析

根据权威的《韦氏在线词典》（*Merriam—Webster Online Dictionary*）的定义，产业指，生产相同产品或相似产品企业的集合。根据此定义，产业的性质或状态应指，从事产品生产的企业在同类生产企业所处的生产状况。而在现实中，对于一个企业来说，其生产活动可能包含广义的生产活动，即不仅从事某种产品的制造，还从事产品的销售，而且，企业的生产也可能是动态的，即生产的产品可能是变动的，随着产业的兴衰更替变换产品的种类，如原本生产电视的企业开始生产手机及电脑。从微观角度分析产业升级的概念，对于本书来说没有多少实际意义，本书更关注从宏观角度来分析产业升级。

那么，何为产业升级？产业升级通过哪些路径来实现？只有把这两个问题弄清楚了，我们才能得到中国实现产业升级的有效路径。不同文献对此观点不尽相同。刘志彪（2005）将技术水平和附加值的多少作为划分产业高低的标准，认为产业升级是指，产业由低技术水平、低附加值状态向高新技术水平和高附加值状态的演变。汉弗莱和施密茨（Humphrey and Schmitz，2000）从全球价值链视角提出了产业升级的四种方式：工艺升级（process upgrading）、产品升级（product upgrading）、功能升级（functional upgrading）、跨产业升级（inter-sector upgrading）。根据其观点，实际上划分产业高低的标准有两类：一类是在生产同一产品的同一行业内，根据生产的工艺（技术）、产品质量、产品功能等标准可以将同业产业划分为不同等级，将技术水平、产品即产业内升级质量的改进和功能的改善视为产业升级。另一类是将生产不同产品的行业视为不同行业。不同行业具有不同的形态等级，从低级形态向高级形态转变即为产业升级，即产业间升级。恩斯特（Ernst，2004）将产业升级方式划分为五种：（1）产业间升级：在产业层级中从低附加值产业（如轻工业）向高附加值产业（重工业和高技术产业）的移动；（2）要素间升级：在生产要素层级中，从“禀赋资产（endowed assets）”或“自然资本（natural capital）”即自然资源和非熟练劳动力向“创造资产（created assets）”，即物资资本、人力资本和社会资本移动；（3）需求升级：在消费层级中从必需品向便利品，之后向奢侈品移动；

（4）功能升级：在价值链层级中，从销售、分配向最终的组装、测试、零部件制造、产品开发和系统整合移动；（5）链接的升级：在前后链接层级中，从有形的商品类生产投入无形的、知识密集型的支持性服务（Ernst，2001）。而格雷菲（Gereffi，1999）则根据价值链的观点，认为在“微笑曲线”最低端价值最低，而在“微笑曲线”两端附加值高，从低附加值向高附加值的转换便是产业升级。还有一种比较流行的做法，是引入产业梯度的概念，认为产业梯度 Y = F（P，T，I），其中，Y 为产业高度，P 为生产要素，具体来说，包括自然资源、劳动、资本等；T 表示生产技术水平；I 表示该国在产业分工中的位置。一国从低度产业向高度产业的转变，即实现了产业升级。库兹涅茨在配第—克拉克定理的基础上，深入研究了第一产业、第二产业、第三产业实现的国民收入比例关系及其变化，认为产业结构在人类经济社会演变中会出现两次升级，在由农业社会向工业社会转换时，第一产业比重下降，第二产业、第三产业比重上升，第二产业逐渐占主导地位，实现第一次产业结构升级。在由工业时代向后工业时代转变时，第三产业比重逐渐上升从而占主导地位，实现第二次产业结构升级。有些文献则根据行业要素密集度，认为产业应该由资源密集行业向资本密集型行业再向知识密集型行业升级。

以上对于产业升级各种提法的思路可以归纳为两条：一是将不同产业按不同标准划分为高形态的产业和低形态的产业、二是将同一产业中按不同标准分为高形态的产业和低形态的产业，分类方法如表 5－1 所示。其对应的产业升级也包含两种升级方式：产业内升级和产业间升级。

表 5－1　　　　　　　　产业升级分类

产业长级分类	
产业内升级	产业技术升级 价值链升级 功能升级
产业间升级	产业要素升级 附加值升级

资料来源：笔者根据相关资料整理而得。

产业内升级，指由同一产业的低级形态向高级形态转变，如由生产黑白电视机向生产彩色电视机、生产模拟电视向生产液晶数字电视的转变。产业间升级，指由低级的产业形态向不同的高级产业形态转变，如从生产自行车向生产汽车产业的转移。

5.2 外包对产业升级影响的理论分析

5.2.1 全球生产网络分析

跨国公司是国际生产分工的主要载体，国际生产分工被跨国公司所主导。跨国公司可以通过生产一体化和生产非一体化来控制全球生产在不同区域的分工。生产一体化指，跨国公司通过“绿地”投资（即建立分支机构直接投资）方式直接在东道国进行产品的生产活动；生产非一体化指，跨国公司将原本由公司内部生产的物质或服务等中间投入品外包给东道国本土公司，而通过国际贸易在全球范围内采购其生产所需的中间投入品或原材料，其直观表现是国际贸易中中间投入品的增长。随着世界贸易成本和通信成本的下降，跨国公司为了充分利用各国的资源，保持自己的核心竞争优势，越来越倾向于选择生产非一体化的组织形式。各国以承接国际外包业务的方式切入全球生产网络，形成了全球价值链（global value chain，GVC）。这是全球经济一体化的主要体现。全球生产网络具有以下四点特征。

1. 价值网络的含义

随着交易成本下降和社会生产分工的细化与深化，企业与市场的边界越来越模糊，市场竞争也越来越激烈。为了保持本企业的核心竞争力，充分利用外部资源，企业组织的非一体化和生产活动的外部化成为企业核心战略的必然选择。跨国公司为了充分利用各国的比较优势，在全球范围内寻求合作伙伴，将其非核心业务分离出来外包给世界各地的合作伙伴，而专注于核心技术的开发、自身品牌的建立、全球性物流网络和销售渠道的建设，形成了合作共生的生态生产网络。在全球生产网络中，西方跨国公司占据技术研发、品牌和销售渠道等价值高端，在整个生产网络中处于支配地位。而发展中国家的供应商处于中间的制造环节，在上游要受到发达国家控制的原材料供给约束、技术控制，下游存在对跨国公司的销售渠道控制和品牌扼杀，总体上处于被支配地位。与这种生产分工地位的不均衡相对应的是，在产业价值链上的利益分配不均衡。跨国公司凭借其主导地位，攫取了产业价值链的绝大部分，而发展中国家在产业价值链得利甚少。

2. 全球价值网络并不是一成不变的，是一种不稳定的动态体系

全球生产网络分工随着市场规模、交易成本和技术变化而不断衍生与整合，与此相伴的是，全球生产网络的扩张与萎缩及不同生产网络的兴衰更替。由于不同企业在全球生产网络利益分配不同，承担的风险也有所差别。有些占主导的企业在享受价值链利益分配的同时，也承担着网络运行的风险。随着消费需求的快速变化和新技术涌现带来的挑战，可能引起全球生产网络中不同企业的地位发生相对变动。

3. 全球价值网络是以能力要素驱动形成的，网络成员间能力互有差异，互补共存

全球生产网络的形成主要由跨国公司所主导，根据其驱动力可以分为生产者驱动模式、采购商驱动模式和混合驱动模式。在生产者驱动模式下，处于中心地位的企业具有核心技术能力，负责进行前沿技术研发，进而领导和推动生产网络的演变发展。在采购商驱动模式下，采购商凭借其品牌优势和掌握市场销售渠道的优势，通过全球采购和委托贴牌生产，整合全球资源，组建全球性的流通网络，形成强大的市场需求，推动生产网络的发展与扩张。在混合模式中，同时存在以上两种推动力。

4. 网络成员在价值网络内的利益分配是由企业自身能力和地位决定的

由上述分析可以看出，核心企业凭借其技术优势或者占据品牌优势和销售终端优势，在全球生产网络中处于主导地位，而没有核心能力的企业处于被支配或从属依附的地位。其中占主导地位的企业可能是生产企业，也可能是销售企业。在生产者驱动的全球价值链中，主导者为先进技术的研发者，根据自身利益最大化原则将产业利润在不同环节进行分配，其中，产品的研发设计环节利润最高，产品研发与设计、原材料供应、产品的制造、产品销售与服务等环节所得价值依次递减。这种生产网络中生产者占强势地位，销售企业处于从属地位。在采购商驱动的全球价值链中，采购商即销售企业占主导地位，相应地，原材料供应、产品的制造、产品销售与服务等环节的价值所得依次递增。在混合驱动型生产网络中，产品的研发环节和销售终端环节在利益分配中占据价值高端，而制造环节由于受到两端的挤压处于价值低端，从而形成产业价值链上的“微笑曲线”。

5.2.2　跨国公司的封锁行为与发展中国家企业锁定于低端状态

从全球价值网络的运行特征可以得出，跨国公司凭借其掌握的核心资源优势，在全球生产网络分工中处于主导地位，在全球价值链中处于价值高端。而处于边缘的企业在价值链中处于价值低端，并且，处于主导地位的跨国公司会利用其掌握的资源优势，采取种种措施来强化和巩固其现有地位，阻碍发展中国家企业的产业升级，使其陷入低端锁定和“悲惨增长”的境地，即产出和就业不断增长，但是，所获得的报酬却不断减少。其主要行为表现在：

（1）跨国公司强化核心技术控制，设置发展中国家企业在知识创新和技术研发方面的障碍。跨国公司将控制先进技术放在首位，确保其在技术上的领先地位。一方面，企业内部非常重视科技创新与研发投入；另一方面，采取策略阻碍发展中国家技术创新。首先，在对发展中国家进行技术转让时，其转让的技术具有选择性，转让的多为过时的自身淘汰的落后技术。在技术层级上，实行研发一代、生产一代、转让一代的策略。其次，利用高薪待遇，注重收集储备发展中国家的科研人才，使得本土企业进行技术改造和创新缺少人力资源支持。最后，对于有志于研发的企业或本土将要取得突破的核心技术，采用低廉转让战略，使得本土企业的研发努力获利甚微，甚至亏损巨大，造成中国一些企业出现“不技改是等死，技改是找死”的现象。将本土企业掌握核心技术的努力扼杀在萌芽之中，迫使发展中国家企业放弃对关键知识与能力的学习，对跨国公司产生技术升级依赖。

（2）跨国公司强化核心能力价值，尽量缩减发展中国家企业的利润空间。跨国公司作为价值分工的主导者，一方面，通过外包业务的供给来诱使发展中国家企业以代工者身份参与从事技术含量较低的制造环节；另一方面，在利益分配上强化其所占据环节的核心价值，尽量压低发展中国家企业的利润空间。首先，在提供转让技术时，着重强调知识产权保护，会向发展中国家收取高额的专利费或技术转让费，增加发展中国家参与代工生产的成本。其次，通过下游销售终端的控制，在向发展中国家采购其制造产品时，压低收购价格。通过上下游的双向压缩，降低发展中国家企业的利润率，使得其资本积累严重不足，无法进行新技术研发，从而陷入低技术锁定和价值低端锁定。

（3）跨国公司实施“品牌扼杀”和“市场渠道封锁”，封杀发展中国家企业向下游产业“突破”低端锁定的路径。首先，跨国公司对发展中国家本土产品实行“品牌扼杀”战略。通过收购或者合资手段，进入发展中国家著名品牌企业，实现对品牌使用的控制，将发展中国家的品牌搁置不用，使其自行消亡。同时，在发展中国家极力推广自身品牌，抢占发展中国家的市场。增加其重新树立品牌的成本，使其向下游突破的成本加大，迫使发展中国家企业放弃突破努力，沦为替其代工生产的地位。其次，跨国公司利用其品牌优势进行市场扩张，同时，对发展中国家企业实行围追堵截。在对发展中国家进行品牌扼杀战略未取得成功，发展中国家企业要进行国际市场拓展时，跨国公司会通过本国行业协会制定行业技术标准、绿色贸易标准等非关税壁垒，阻碍发展中国家企业进入。另外，跨国公司由于具有资本比较优势，极力建立全球性的物质流通网络，以此控制贸易成本和销售终端，封堵发展中国家企业“走出去”战略的实施。

（4）跨国公司全球配置资源，强化发展中国家经济粗放式发展，带来环境破坏压力。跨国公司在加强对核心技术控制、品牌建设和销售渠道占有的同时，发展中国家长期处于陷入价值低端锁定和“悲惨增长”的境地，从而迫使发展中国家经济发展越来越需要以增加物质资源消耗和压低劳动工资为代价，被迫走上粗放式的经济增长道路。资源的消耗导致环境污染，对经济增长带来制约。而长期压低国内劳动力成本，导致国内有效需求萎缩，国内市场难以发展，为产业升级带来制约。

5.3　外包模式的选择与突破低端封锁

5.3.1　业务外包模式的七种类型

学界普遍认为，公司将原本在公司内部一体化生产的业务外包的目的是为了保持核心业务，增强市场竞争力，因而外包的业务仅适用于公司的非核心业务。不同的行业具有不同的技术特征和市场结构特征，国际外包生产网络形成的推动力也有所不同，张辉（2006）根据推动力的不同将其分为三种推动模式：生产者驱动型模式、采购商驱动型模式和混合驱动型模式。不同驱动力量来自不同的市场结构或技术特征，不同的企业在国际生产网络中的地位不同，外包模式也不同。具体来说，外包模式可以分为以下七种。

1. 委托型业务外包模式

委托型业务外包模式指，制造商将产品研发、设计、制造、销售和服务等环节中的一个环节或部分环节委托给供应商的外包活动。这种模式多为采购商驱动，其主要特征是采购商占有最终产品的销售品牌，也有学者称之为“贴牌生产”。根据供应商在产品生产中参与环节的多少和产品附加值的高低，可以将委托型业务外包分为四个层次：(1) 原始设备制造（original equipment manufacture，OEM)，在这种模式下，采购商提供生产所用的设备和生产所用的原料，供应商仅提供部分生产辅料和劳动要素，进行贴牌生产，生产之后由采购商购买作为投入品或销售，这是中国参与国际外包较多的一种方式。(2) 自主设计和加工（original design manufacture，ODM)，指采购商提供零部件或最终产品的设计，供应商利用自有的制造设备为采购商生产，产品由采购商购买之后进一步加工为成品或用采购商的品牌在市场销售。这也是贴牌生产的一种模式，在这种模式下，供应商的技术要求较 OEM 模式要高。(3) 设计制造服务（design manufacture service，DMS)，指采购商将产品的设计、制造和售后服务都交给供应商，采购商仅在销售环节以自己的品牌销售。在此种外包模式下，供应商不仅具备制造能力，而且具备研发设计能力和技术水平，其参与的价值链环节均较多。(4) 工程制造服务（engineering manufacture service，EMS)，指采购商自己出品牌，只描述对新产品的设想和要求，供应商将“构想”变为原品牌的改进型新产品，包括拿出改进产品制造的工程书与工艺文件，即产品工程化。在这种外包模式下，供应商几乎参与了除销售以外的产品设计制造和物流的所有环节，在价值链上仅剩下微笑曲线右边的销售环节为采购商所占据。

2. 横向虚拟一体化外包模式

在这种外包模式下，采购商处于中介位置，掌握了客户需求和订单信息，将之公布给供应商，供应商与委托商共享订单，根据客户需求设计、制造产品或将其外包给次级供应商，并定期按照合约交给委托商。这种模式由采购商驱动，但是，采购商与供应商之间的关系并不像委托形式存在主次关系，两者之间的地位较为平等，属于合作伙伴关系。

3. 利用中介服务组织的业务外包模式

在这种模式下，中介组织处于外包的信息枢纽中心，同时收集消费者需求信息和供应商生产供给信息。服务中介将需求信息和生产信息进行收集和分类后，将其进行匹配，再与消费者、供应商协商好有关产品与服务的交易价格、数量、质量标准、提供时间及供应期限等，最后，服务中介组织提供交易合同，并提交客户与供应商双方确认。服务中介组织只是从事服务信息的中介和传输，收取佣金，提高所有参与者的利润率，一般都没有商店、仓库、存货和生产车间，它们只是作为中介组织向客户定时、定量供货，实际上只是一个虚拟供货处，并不生产加工和库存任何商品。

4. 锥体型纵向一体化外包模式

锥体型纵向一体化外包模式，即原本由垂直一体化生产的环节，现将其分解为不同的生产工序，外包给外部公司完成。采购商则从事核心技术环节的制造和整件组装。这种外包模式为生产者驱动，采购商和供应商之间存在主次关系，采购商处于生产网络的核心，而供应商处于由采购商支配的位置。如日本大汽车制造商的外包采用一级分包、二级分包和三级分包，甚至四级分包的多级外包模式。大型汽车制造集团公司处于产品制造的顶端，只直接与少数一级分包商发生买卖关系，而一级分包商接到核心公司订单之后，再将其细分外包。大汽车制造商只需要直接管理和控制一级分包厂家，就可以管理和控制二级分包厂家及三级分包厂家以下的全部厂家。在这种模式下，处于主导地位的采购商负责产品销售，承担了生产经营的大部分风险，同时，主导产业价值链分配的利益。近年来，核心厂商与分包商之间也相互参股，共担利益与风险。这种外包模式对核心公司的零部件供应和分包企业的产品销路都有保证。

5. 大公司内部的模拟外包模式

大公司内部的模拟外包模式，即大公司为了强化公司管理，增强公司生产效率，将其生产业务按照流程划分模块，分给下属分厂完成。其下属各分厂在业务上实行独立核算、自负盈亏。相同的生产单位之间可以通过竞争获得外包业务。如果下属分厂能够达到大公司对分厂产品零部件的质量要求和成本要求，公司就将零部件生产业务分包给下属分厂；反之，则将业务分包给公司外部的厂商。这种公司内部的模拟外包，在组织形式上达到了内部竞争与外部竞争的高度统一，降低了管理上的行政强度，不仅可节省公司的管理成本与产品交易成本，而且，有效地调动组织内部的竞争积极性，可促使各分厂致力于研发投入与技术创新，提高公司的竞争力。这种外包模式自 20 世纪 90 年代以来，多在欧美大公司内流行。

6. 企业研发的外包模式

随着经济全球化的发展，跨国公司在注重全球市场的同时，逐渐关注东道国本土的市场特征，以产品本地化来实现其全球化战略。为了使其产品更符合本土消费者的需求及充分利用东道国的人力资本优势，跨国公司也逐渐将研发业务外包给东道国企业。

（1）新产品研发的有型概念产品外包模式。在这种模式下，发包方提出产品的理念、产品的用途和功能。承包方根据发包方的产品质量要求和成本要求进行研发，制作小型样品，经过发包方试用、获得相关实验数据和使用评价后，不断完善概念产品，直至将发包方的产品要求和承包方设计修改融合在一起。这种外包方式对承包方的技术要求特别是知识创新能力和技术创新能力要求很高，在价值链上，承包方位于微笑曲线的左侧高点，但并不占有其技术成果，这时，承包方可持续发展能力较强，但对发包方存在市场渠道依赖。发包方占有品牌，但对承包方存在技术依赖。有型概念产品外包模式，多为大型汽车制造厂商和家电制造厂商所采用。

（2）新工艺研发的加工车间型外包模式。随着生产分工的细化和深化，大公司采用核心化战略，将部分小的生产环节设计外包给外部公司，从而使得现代经济呈现制造业与服务业联系越来越紧密的趋势，有的学者称之为生产服务型产业，这种小单位在研发外包中称为新工艺研发的加工车间型外包模式。在这种外包模式下，承包者通过改进生产技术、减少生产环节来设计工艺，实现工艺革新来满足大公司的需要。加工车间型模式可提高工艺研发承包者和发包方的核心竞争力，实现价值最大化。摩托罗拉寻呼机、软件和专门化的金融服务都是采用这种新工艺研发的“加工车间型”外包模式。

7. 新项目外包的在线团队模式

在网络信息时代，如果公司依靠自身的力量难以完成生产任务或研发任务，可以借助网络的力量，在网上形成临时性的工作团队来完成。这种方式发包方作为组织者在网上举行团队成员招聘、信息发布和进程的安排与协调。在项目完成之后，团队就解散。这种组织方式，发包方和承包方均为临时的，两者在某种程度上达到合二为一。由于这种方式人力资源的管理弹性很大，可以为发包方节约成本，但同时由于缺乏强约束，很难保障效率。这种模式只适用于临时性的任务，作为辅助手段。

5.3.2 不同外包形式的比较分析

从上文产业内升级的概念我们可以看出，产业内升级主要侧重于强调供应商能否在产业内实现技术进步和价值增值。能否实现技术进步的关键，在于供应商参与外包的环节是否包含了促进技术进步的环节，如研发。如果承包商只是被动地按照供应商提供的技术设备参与制造环节，长期将会失去研发动力和激励，将难以摆脱技术引进依赖，从而无法实现技术升级，长期处于微笑曲线的底端，也无法实现价值链的升级。实现价值链升级，即要从微笑曲线中间的低点，向两端的价值高端纵向发展。从左边延伸，即扩展到包含研发设计阶段，向右扩展，即扩展到包含服务和销售等。除此之外，我们还要分析不同外包形式中供应商与委托商之间的相对关系，即是否存在依附关系。如果技术上存在依附关系，供应商容易陷入技术陷阱，形成技术引进依赖。如果在价值链上存在技术依附和市场渠道依附关系，则容易陷入"低端锁定"（见表5－2）。

表5－2　　不同外包形式中供应商地位分析

外包形式		供应商参与环节	技术分析	价值链分析	品牌分析
委托型外包模式	OEM	制造	技术依赖	市场渠道依赖	品牌依赖
	ODM	制造	技术依赖	市场渠道依赖	品牌依赖
	DMS	设计、制造、服务	技术自主	市场渠道依赖	品牌依赖
	EMS	设计、制造、服务	技术自主	市场渠道依赖	品牌依赖
研发的外包模式	有型概念产品外包	研发、制造	技术自主	占有渠道	品牌依赖
	加工车间型外包	研发、制造	技术自主	市场渠道依赖	品牌依赖
大公司内部的模拟外包模式		制造	技术自主	市场渠道依赖	品牌依赖
在线团队模式		研发、设计、制造	技术自主	市场渠道依赖	品牌依赖
横向虚拟一体化外包模式		设计、制造、服务	技术自主	市场共享	自创品牌
锥体型纵向一体化外包模式		制造	技术依赖	市场渠道依赖	品牌依赖
中介服务组织的业务外包模式		研发、制造、物流	技术自主	市场渠道共享	自创品牌

资料来源：笔者根据相关文献整理分析而得。

从表5－2中的供应商参与环节来看，参与环节最少的外包形式是OEM、ODM、锥体型纵向一体化外包模式和大公司内部的模拟外包模式，仅参与产业链的制造环节，供应商同时对委托商存在技术依赖和市场渠道依赖，不利于供应商的技术升级和价值链升级。这时，供应商将同时陷入技术锁定和价值链低端锁定。供应商参与环节较多的外包形式为DMS、EMS、横向虚拟一体化外包模式和中介服务组织的业务外包模式。在这几种外包模式中，供应商均参与了研发环节，即供应商可以保持技术进步的自主性。其中，DMS、EMS两种模式均会对委托商产生品牌依赖和市场销售渠道依赖，不利于供应商扩展市场和品牌创立，从而不利于供应商的价值链升级。在横向虚拟一体化外包模式和中介服务组织的业务外包模式这两种外包模式中，供应商和委托商的关系相对平等，委托商相当于中介机构，利用平台和信息在产业利益分配中占有一席之地，而供应商获得相当大的独立空间，可以自主发展技术、自创品牌，甚至在物流服务方面均保持独立性，唯一需要依赖委托商的是市场需求信息和技术变化信息，其对委托商的依赖性最弱，两者关系可以看作是一种合作、双赢的关系。

5.3.3 中国企业利用外包突破低端封锁的路径分析

由上文对中国外包模式的分析可知，选择不同的外包模式参与由跨国公司主导的全球生产网络，跨国公司对供应商的技术封锁、市场渠道控制和品牌控制的程度不尽相同。对于中国企业根据企业状况和世界产业演变状况，适当、合理地选择不同的外包策略，有可能打破跨国公司的低端封锁策略，实现本企业的技术升级、价值链升级和自主品牌的创立。其可能路径有以下两条。

（1）加强产业链纵向整合，逐渐占据价值链的核心环节，实现产业内升级。这主要体现在两个方面：一是向微笑曲线左侧环节延伸发展，侧重技术研发，强化国内企业技术赶超和价值链升级；二是向微笑曲线右侧延伸发展，注重市场渠道建设和自主品牌创建，摆脱跨国公司的渠道控制和品牌控制。

（2）通过价值链横向跨越，进入更具增值潜力的行业，实现非线形的产业间升级。

5.4 本章小结与政策启示

5.4.1 本章研究内容小结

本章第一节从概念上分析了产业升级的内涵；第二节从产业链和价值链视角分析了由跨国公司主导的全球生产网络对发展中国家产业升级的消极影响和博弈演变；第三节比较分析了现实中不同外包模式中委托商对供应商封锁强度的不同及供应商可能实现低端突破的策略选择。

5.4.2 中国突破低端封锁的制约分析

（1）企业技术含量少、利润率过低、导致企业资本积累不足，产业增值能力弱，成为制约中国产业升级的瓶颈。中国承接国际外包的企业多做短期贴牌生产，得益于国内低廉的劳动力成本，规模小，且以家族企业为主，技术含量较低，在价值链中处于价值末端，进入门槛低，行业竞争激烈。这使得中国企业利润率整体偏低，资本积累严重不足，严重限制了企业进行研发投资，难以摆脱对发包商的技术依赖和实现技术跨越，从而在一定程度上限制了中国的产业升级。

（2）技术人才储备不足，技术创新能力弱，不利于参与更高水平的国际分工。长期以来，中国承接国际外包的厂商，一方面，由于参与分工的环节技术含量较低，对科研人才的需求较低，待遇相对外资企业要低，因而对科研人才的吸引力较弱，是科技人才就业的“洼地”，技术人才储备严重不足；另一方面，由于民营企业技术人员劳动就业的高流动性，承接外包企业的研发投入激励和对技术人才的激励不足，以致技术难以升级，设备缺少更新，产品制造的关键技术一直由外方控制，形成对外方的技术依赖。而国内普遍存在的知识产权保护不足现象，使得发包企业对于核心技术的转让心存戒备，使得中国难以承接更高技术水平的国际外包。

（3）国际化人才严重不足，使得中国企业管理难以达到国际化及开辟国际市场。国际人才缺乏主要表现为两类人才的缺乏：第一类是按照国际标准管理人才的缺乏；第二类是国际营销、国际融资整合人才的缺乏。国际外包的管理需要产品达到一系列国际标准，如 IS09000 质量管理体系认证、IS014000 环境管理体系标准、SA8000 社会责任标准，公司的管理应该达到标准化和国际化，中国熟悉这类人才的缺乏，一方面，使得中国的产品质量难以在更高层次上达到国际标准；另一方面，在管理规范上也难以达到承接国际外包的要求。产业升级除了在技术上升级从而实现在全球价值链的攀升之外，还有一条很重要的途径，就是抢占下游销售市场。这需要大量会整合国际要素资源的国际营销融资人才，而中国由于语言等因素，严重缺乏开拓国际市场的人才，严重限制了中国企业“走出去”战略的实施，进而影响了中国的产业升级。

（4）知识产权保护法律不完备，执行力度不够，影响中国承接国际外包，尤其是服务外包。国际外包发包商为了保护其核心竞争力，保护其核心技术及其相关技术不外泄的意识相当强烈，在选择发包对象时，该国知识产品保护力度的大小是其考量的重要因素之一。特别是现代服务业具有知识密集的特点，服务外包的发放更是将其放在首位。中国的知识产权保护在法律上存在不够完善的缺点，对于知识产权保护的范围和侵犯知识产权行为的界定还不够详细。另外，在执行力度方面较为松懈，知识产权保护意识和知识产权侵权意识均较为淡漠，这些都限制了中国承接技术含量较高的外包，尤其是服务外包。

5.4.3 中国实现产业升级的对策建议

1. 企业层面

从微笑曲线看，要实现价值链的升级，摆脱低端锁定，对于企业来说，可以向左边、右边的价值高地攀升。向左边即向产品的研发设计环节靠近，这条路径即向高新技术努力。右边的高价值环节为销售服务环节，即通过占有市场销售渠道来实现价值增值。故对企业提出以下两点建议。

（1）加强技术引进与技术创新，以技术跨越实现产品属性升级和价值链升级。企业要实现技术进步，应以自主创新为主，自主创新与技术引进并重。首先，企业要重视技术引进，并着重引进技术的消化吸收。技术的引进和吸收是技术落后企业追赶技术前沿最迅速的方法，要灵活利用采购商对产业控制的差异，有策略地选择对自己技术进步和市场渠道拓展有利的外包发展模式，激励采购商对本企业进行技术转让，加强人才储备和企业内研发投入、创造条件促进与国外采购商之间的纵向技术溢出效应发生。其次，要树立人力资源战略意识，加强人才储备，改变企业要素结构，促进企业发展推动力由要素推动向技术推动和创新推动转变。培养自主创新意识，创新能力是企业保持核心竞争力的源泉和消化、吸收国外先进技术的基础，也是发展中国家企业克服跨国公司低端锁定战略的有效途径。

（2）加强自主品牌和营销渠道建设，以市场渠道建设实现产业内价值链升级。首先，重视国内市场培育和销售渠道建设。国内市场对中国企业有双重意义，一方面，随着中国经济发展，国内消费结构不断升级，逐渐向国际市场靠近，发展贴近本土居民消费需求的技术是本土企业实现技术进步的动力之源；另一方面，加强本土市场渠道建设，有利于在国内价值链上占据高端，增加企业资本积累，使得企业有足够的资金进行研发投资和技术努力。其次，占领本土市场渠道是本土企业与跨国公司进行战略谈判的有利砝码，是进行国际市场开拓的基础。最后，要注重国际市场开拓，实施企业“走出去”战略。在“走出去”过程中，应借鉴亚洲三角贸易模式，随着中国城市化进程的加深和人口结构转变引起的人口红利消失，中国土地成本、劳动力成本等传统的比较优势将逐渐消失。中国企业可以借鉴韩国、日本采用的外包战略，将生产基地转移给生产成本更低的越南、印度尼西亚等国家，并且，在销售渠道建设过程中，应注重自我品牌的建设。

2. 政府层面

（1）加强自主创新能力建设，促进国家创新系统建立。一国实现产业升级的根本途径为技术升级，而核心技术的主要来源是知识创新。中国政府应极力推进包含企业、高校和科研单位在内的国家创新系统的建立。首先，应采取相应的财政政策和产业政策对企业创新性行为进行激励，如对高新技术产业征收低税收、对企业的研发行为进行财政补贴等。其次，加强对创新型人才的培养，进行高等院校培养模式改革。改革高校教材内容，在科研院所实行创新科研项目立项和招标，由国家出资发展核心技术创新基金奖励。在企业层面，合理引导资本流向创新产业，大力发展阳光私募。与此同时，完善知识产权保护法律的实际执行力度，为建设国家创新系统创造好的社会环境。

（2）加快配套产业建设，促进以大企业为核心的区域产业集群的形成。发展中国家陷入低端锁定的重要原因，在于跨国公司对微笑曲线高价值环节的控制，即技术控制和销售渠道的控制，而发展中国家的企业仅参与全球价值链价值最低的环节。通过形成以大企业为核心的区域产业集群，一方面，有助于在本国形成完整的产业链，促进了企业之间的技术溢出，进而有助于技术落后企业实现技术赶超；另一方面，有助于企业掌握市场销售渠道，开拓国际市场。

6 主要研究结论与研究展望

本章在对本书进行回顾和总结的基础上，重新审视本书研究的疏漏之处、研究的局限性与不足之处，对笔者认为需要在未来的学习与工作中，继续进行研究的内容提出进一步设想。

6.1 主要研究结论

本书主要从承接国际外包的角度，侧重从实证方面研究了中国外包发展演变及其对中国的劳动需求效应、生产率效应和产业升级的影响，主要得到以下四点结论。

（1）中国承接国际外包整体上以物质外包为主，服务外包占比很低。1995～2001 年，外包率缓慢上升，2001～2007 年，外包率大幅提高。不同类型行业外包率的历史演变有所不同，资源密集型行业外包率、资本密集型行业外包率和技术密集型行业的外包率逐年稳步提高，而劳动密集型行业的外包率逐年降低。对中国外包发展指数波动的分解表明，资源密集型行业外包率、资本密集型行业外包率和技术密集型行业外包率的提高及后两种类型行业出口份额的增加促进了中国外包发展指数的提高，而劳动密集型行业外包率的下降和出口份额的减少是抑制中国外包发展指数提高的主要因素。

（2）承接国际外包对中国劳动需求效应研究。参与承接国际外包有助于发挥中国的比较优势，解决中国的就业问题。与此同时，行业特征也影响国际外包劳动需求效应存在很大差异，承接国际外包对出口导向型行业、劳动密集型行业和高技术行业劳动需求增长的促进作用较大，而进口替代型行业和资本密集型行业对中国劳动力就业带来了负面影响。

（3）国际外包对全要素生产率具有重要影响。采用中国行业数据，在对全要素生产率的回归实证分析中，lnK、lnL、INSS、INSM 和 INRD 的回归系数均显著异于零。其中，研发投入对行业全要素生产率的提高作用最大，之后为服务外包率，再接着为资本强度，最后，为物质外包率。再进一步将全要素生产率分解为技术效率和技术进步，发现研发投入对提高技术效率和促进技术进步均有积极意义，实证证明了研发活动具有创造知识和提高吸收先进技术的双重作用。而服务外包和物质外包对促进技术进步和提高技术效率有积极作用，且服务外包的作用要大于物质外包，原因在于，现代服务业具有知识密集型、服务于生产制造业的特点。此外，资本深化有助于促进中国的技术进步和提高技术效率，而劳动的过度使用不利于中国技术进步，也不利于技术效率的提高。

（4）从全球价值链视角，本书分析了跨国公司对本土企业实行的低端封锁战略，其主要策略有技术封锁、市场销售控制和品牌扼杀三种战略。本土企业与跨国公司的博弈分析结果显示，本土企业仅依靠自身，难以实现突破“低端锁定”的目标。中国企业突破低端锁定的关键，是不断地进行创新，从而不断地实现企业能力的提升，并最终拥有核心能力。本章最后突破了中国企业突破低端封锁的战略选择。

6.2 研究展望

承接国际外包使得中国成为第三次国际产业转移的最大承接地，对中国的经济增长提供了强劲动力，对于中国居民收入水平、对外贸易和社会生活等各个方面发生了广泛而深刻的影响，本书囿于笔者的知识、能力、时间与精力所限，研究范围偏窄，深度还有待继续挖掘。总体来说，本书还将从以下三个方面继续完善，做进一步研究。

（1）承接国际外包对中国贸易所得有待继续研究。承接国际外包，一方面，有助于中国发挥比较优势，利用比较丰富的劳动资源增加劳动就业；另一方面，过度依靠中国的劳动资源，有可能使中国陷入“比较优势陷阱”。其重要表现之一为，虽然经济和贸易获得快速增长，但是，贸易条件和居民收入条件却不断降低，陷入“贫困性增长”。利用贸易条件和收入条件的概念，分析承接国际外包对中国贸易条件和居民收入条件的影响，可以从宏观上分析国际外包对参与国际生产分工的利益分配。囿于笔者知识、能力的局限性和数据的可得性，这方面研究的缺失是本书的一大缺憾，同时，也是笔者在以后的学习和工作中需要努力研究的方向。

（2）基于全球价值链角度，分析产业价值链在发展中国家和发达国家之间的价值分配，将使承接国际外包对发展中国家产业升级的影响，更为翔实、具体。

（3）承接国际外包的收入分配效应，也是需研究的课题之一。一般认为，中国凭借低廉的劳动资源，多年保持劳动成本在较低的水平上参与承接国际外包。承接国际外包怎样对劳动报酬和资本报酬产生影响，影响程度有多大，与不断扩大的收入差距之间有何关联，均需要做出理论分析和实证研究。同时，承接国际外包对不同的劳动者收入影响有何差异，也需要进行研究。由于中国没有对劳动者分类的数据和相关收入的数据，使得本书在此方面的研究有所欠缺，如何合理利用现有数据对外包的收入分配效应进行实证研究，具有实际意义。

附录：ΔVSS的迪氏加权平均分解（WMDI）

$$
\begin{aligned}
\Delta VSS &= VSS_t - VSS_{t-1} = \sum_{i=1}^{n} \theta_{it} VSS_{it} - \sum_{i=1}^{n} \theta_{it-1} VSS_{it-1} \\
&= \frac{1}{2} \Big(\sum_{i=1}^{n} \theta_{it} VSS_{it} - \sum_{i=1}^{n} \theta_{it} VSS_{it-1} + \sum_{i=1}^{n} \theta_{it} VSS_{it-1} - \sum_{i=1}^{n} \theta_{it-1} VSS_{it-1} \\
&\quad + \sum_{i=1}^{n} \theta_{it} VSS_{it} - \sum_{i=1}^{n} \theta_{it-1} VSS_{it} + \sum_{i=1}^{n} \theta_{it-1} VSS_{it} - \sum_{i=1}^{n} \theta_{it-1} VSS_{it-1} \Big) \\
&= \frac{1}{2} \Big[\sum_{i=1}^{n} (VSS_{it} - VSS_{it-1}) \theta_{it} + \sum_{i=1}^{n} VSS_{it-1} (\theta_{it} - \theta_{it-1}) \\
&\quad + \sum_{i=1}^{n} (\theta_{it} - \theta_{it-1}) VSS_{it-1} + \sum_{i=1}^{t} (VSS_{it} - VSS_{it-1}) \theta_{it-1} \Big] \\
&= \sum_{i=1}^{n} (VSS_{it} - VSS_{it-1}) \frac{(\theta_{it} + \theta_{it-1})}{2} + \sum_{i=1}^{n} (\theta_{it} - \theta_{it-1}) \frac{(VSS_{it-1} + VSS_{it})}{2} \\
&= \sum_{i=1}^{n} \bar{\theta} \Delta VSS_i + \sum_{i=1}^{n} \overline{VSS} \Delta \theta
\end{aligned}
$$

参考文献

［1］北京大学中国经济研究中心课题组．垂直专门化、产业内贸易与中美贸易关系．CCER Working Paper，No. C2005005.

［2］北京大学中国经济研究中心课题组．中国出口贸易中的垂直专门化与中美贸易［J］．世界经济，2006（5）：12－23.

［3］曹洪军．中国名牌成长战略——青岛“中国品牌之都”研究评介［J］．中国工业经济，2008（2）：15－22.

［4］陈海波；朱华丽．我国外贸发展方式转变的实证研究——基于全球价值链视角［J］．国际贸易问题．2012（2）：31－38.

［5］陈宏辉，罗兴．“贴牌”是一种过时的战略选择吗——来自广东省制造型企业的实证分析［J］．中国工业经济，2008（1）：96－105.

［6］陈雯，李强．全球价值链分工下我国出口规模的透视分析——基于增加值贸易核算方法［J］．财贸经济．2014，（07）：33－38.

［7］戴翔，李洲．全球价值链上的中国产业：地位变迁及国际比较［J］．数量经济技术经济研究．2017（7）：52－58.

［8］方希桦，包群，赖明勇．国际技术溢出：基于进口传导机制的实证研究［J］．中国软科学，2004（7）：48－57.

［9］葛顺奇，罗伟．跨国公司进入与中国制造业产业结构——基于全球价值链视角的研究［J］．经济研究．2015（11）：43－49.

［10］郭骁，夏洪胜．企业代际路径可持续发展的演进机理——基于自组织理论的分析［J］．中国工业经济，2007（5）：96－105.

［11］侯茂章，王斌．基于全球价值链视角的地方产业集群国际化

发展研究［J］. 财贸经济，2009（5）：68－75.

［12］胡军，陶锋，陈建林. 珠三角外包企业持续成长的路径选择——基于全球价值链外包体系的视角［J］. 中国工业经济，2005（8）：42－49.

［13］胡昭玲，刘旭. 中国工业品贸易的就业效应——基于32个行业面板数据的实证分析［J］. 财贸经济，2007（8）：36－44.

［14］胡昭玲. 国际垂直专业化分工与贸易：研究综述［J］. 南开经济研究，2006（5）：12－26.

［15］黄繁华，洪银兴生产性服务业对我国参与国际循环的影响——基于制造业全球价值链分工地位的研究［J］. 经济学动态. 2020，（12）：15－27.

［16］黄晶. 产业内垂直分工研究——基于产业组织的视角和中国实证［D］. 广州：暨南大学博士学位论文，2009.

［17］黄乾. 国际贸易、外国直接投资与制造业高技能劳动需求［J］. 世界经济研究，2009（1）：13－17.

［18］黄先海，韦畅. 中国制造业出口垂直专业化程度的测度与分析［J］. 管理世界，2007（4）：158－166.

［19］黄先海，余骁. 以"一带一路"建设重塑全球价值链［J］. 经济学家. 2017，（03）：17－22.

［20］江小娟. 服务外包：合约形态变革及其理论蕴意——人力资本市场配置与劳务活动企业配置的统一［J］. 经济研究，2008（7）：4－11.

［21］蒋荷新. 我国对外贸易就业效应的实证研究——以外资企业为例［J］. 国际贸易问题，2007（10）：63－69.

［22］金京，戴翔，张二震. 全球要素分工背景下的中国产业转型升级［J］. 中国工业经济. 2013（11）：22－28.

［23］李丹，崔日明价值链分工、劳动收入与要素质量［J］. 国际

贸易问题.2018（10）：88－103.

［24］李建军，孙慧，田原. 产品内分工如何影响发展中国家全球价值攀升——以“丝绸之路经济带”沿线国家为例［J］. 国际贸易问题.2019（12）：91－105.

［25］李小平，朱钟棣. 国际贸易的技术溢出门槛效应——基于中国各地区面板数据的分析［J］. 统计研究，2004（10）：56－63.

［26］刘斌，王杰；魏倩对外直接投资与价值链参与：分工地位与升级模式［J］. 数量经济技术经济研究.2015（12）：12－19.

［27］刘景江. 网络时代的外包模式［J］. 中国工业经济，2003（11）：21－29.

［28］刘绍坚. 中国承接国际软件外包的技术外溢效应研究［D］. 北京：中国社会科学院博士论文，2008.

［29］刘维林. 中国式出口的价值创造之谜：基于全球价值链的解析［J］. 国际贸易问题.2014（5）：26－32.

［30］刘志彪，刘晓昶. 垂直专业化经济全球化中的贸易与生产模式［J］. 经济理论与经济管理，2001（10）：12－16.

［31］刘志彪，吴福象. “一带一路”倡议下全球价值链的双重嵌入［J］. 中国社会科学.2018（8）：17－32.

［32］刘志彪，吴福象. 全球化经济中的生产非一体化——基于江苏投入产出表的实证研究［J］. 中国工业经济，2005（7）：52－60.

［33］刘志彪，张杰. 全球代工体系下发展中国家俘获型网络的形成、突破与对策——基于 GVC 与 NVC 的比较视角［J］. 中国工业经济，2005（8）：39－48.

［34］刘志彪. 产业链现代化的产业经济学分析［J］. 经济学家.2019（6）：15－22.

［35］卢锋. 产品内分工一个分析框架. 北京大学中国经济研究中心 2004 年讨论稿系列，No. C2004005.

[36] 卢锋．服务外包经济学分析：产品内分工视角——兼论我国承接国际服务外包问题．北京大学中国经济研究中心 2007 年讨论稿系列，No. C2007011.

[37] 卢锋．我国承接国际服务外包问题研究［J］．经济研究，2007（9）：49－62.

[38] 卢福财，胡平波．全球价值网络下中国企业低端锁定的博弈分析［J］．中国工业经济，2008（10）：23－33.

[39] 罗斌，黄昭昭．全球价值链下的中国产业功能升级研究［J］．国际贸易问题．2010（2）：13－18.

[40] 彭水军，袁凯华．全球价值链视角下中国加工贸易的升级演进［J］．经济学家．2016（10）：43－48.

[41] 任保全，刘志彪，任优生．全球价值链低端锁定的内生原因及机理——基于企业链条抉择机制的视角［J］．世界经济与政治论坛．2016（5）：25－30.

[42] 盛斌，马涛．中国工业部门垂直专业化与国内技术含量的关系研究［J］．世界经济研究，2008（8）：35－43.

[43] 孙宇．国际服务外包、结构转型与扩大就业［J］．宏观经济研究，2009（2）：15－20.

[44] 唐浩，蒋永穆．基于转变经济发展方式的产业链动态演进［J］．中国工业经济，2008（5）：14－25.

[45] 唐玲，刘海云．外包的生产率效应及行业差异［J］．中国工业经济，2009（8）：78－87.

[46] 唐玲．国际外包率的测量及行业差异——基于中国工业行业的实证研究［J］．国际贸易问题，2009（8）：26－37.

[47] 田文．产品内贸易的定义、计量及比较分析［J］．财贸经济，2005（5）：77－79.

[48] 汪建成，毛蕴诗，邱楠．由 OEM 到 ODM 再到 OBM 的自主

创新与国际化路径——格兰仕技术能力构建与企业升级案例研究［J］. 管理世界，2008（6）：148－157.

［49］汪建成，毛蕴诗．从 OEM 到 ODM、OBM 的企业升级路径——基于海鸥卫浴与成霖股份的比较案例研究［J］. 中国工业经济，2007（12）：110－117.

［50］王斌，产业均衡下的垂直联合化生产与外包．北京大学中国经济研究中心 2006 年讨论稿系列，C2006010.

［51］王建华，陈永鹏，徐华亮．国际垂直专业化分工测度研究——以中国纺织服装业为例［J］. 工业技术经济，2007（10）：83－86.

［52］王恕立，吴永亮．全球价值链模式下的国际产业转移——基于贸易增加值的实证分析［J］. 国际贸易问题．2017（5）：26－32.

［53］王益民，宋琰纹．全球生产网络效应、集群封闭性及其“升级悖论”——基于大陆台商笔记本电脑产业集群的分析［J］. 中国工业经济，2007（4）：46－54.

［54］王中华，代中强．外包与生产率：基于中国工业行业物品外包与服务外包的比较分析［J］。当代经济科学，2009（4）：54－66.

［55］王中华，王雅琳，赵曙东．国际垂直专业化与工资收入差距——基于工业行业数据的实证分析［J］. 财经研究，2009（3）：36－42.

［56］文东伟，冼国明．垂直专业化与中国制造业贸易竞争力［J］. 中国工业经济，2009（6）：16－29.

［57］文东伟．全球价值链分工与中国的贸易失衡——基于增加值贸易的研究数量经济技术经济研究［J］. 2018（11）：39－57.

［58］文婷，曾刚．全球价值链治理与地方产业网络升级研究——以上海浦东集成电路产业网络为例［J］. 中国工业经济，2005（7）：20－27.

［59］吴小节，陈小梅，汪秀琼，蓝海林．中国制造业全球价值链地位研究的知识结构与未来展望［J］. 国际贸易问题．2018（12）：

31－36.

［60］谢建国．外商直接投资与中国的出口竞争力［J］．世界经济研究，2004（2）：23－28.

［61］徐毅，张二震．外包与生产率：基于工业行业数据的经验研究［J］．经济研究，2008（1）：103－113.

［62］徐印州，屈韬．中国家电业跨国经营战略的转变［J］．国际经贸探索，2005（3）：81－85.

［63］宣烨，高觉民．外资主导下的产业集群演化分析［J］．国际贸易问题，2009（7）：110－116.

［64］闫冰倩，田开兰．全球价值链分工下产业布局演变对中国增加值和就业的影响研究［J］．中国工业经济［J］．2020（12）：121－139.

［65］颜鹏飞，王兵．技术效率、技术进步与生产率增长：基于DEA的实证分析［J］．经济研究，2004（12）：26－37

［66］杨飞，孙文远，余泳泽．资本偏向性技术进步、全球价值链地位与技能劳动就业变动——基于全球价值链分解的视角［J］．当代财经．2019（6）：21－26.

［67］杨飞，余泳泽．资本偏向性技术进步、全球价值链地位与技能劳动就业变动——基于全球价值链分解的视角［J］．当代财经．2019（11）：95－106.

［68］杨立强．中国制造业产业成长中的外包因素分析［D］．北京：对外经济贸易大学图书馆，2006.

［69］杨新房，王亮亮，苗永旺．入世前后外国直接投资对我国工业部门外溢效应的比较研究［J］．对外经济贸易大学学报，2007（4）：41－46.

［70］杨玉华．工业品贸易对工业就业影响的实证分析［J］．财贸研究，2006（6）：47－55.

[71] 尹希果，陈刚．外商直接投资、国际贸易与中国生产率增长研究——基于非参数 Malmquist 指数的经验分析 [J]．国际贸易问题，2008 (6)：89－98.

[72] 俞会新，薛敬孝．中国贸易自由化对工业就业的影响 [J]．世界经济，2002 (10)：45－53.

[73] 俞荣建，吕福新．由 GVC 到 GVG："浙商"企业全球价值体系的自主构建研究——价值权力争夺的视角 [J]．中国工业经济，2008 (4)：128－137.

[74] 袁奇．离岸外包对美国经济的影响分析 [J]．对外经济贸易大学学报，2005 (2)：34－39.

[75] 张华初，李永杰．论我国加工贸易的就业效应 [J]．财贸经济，2004 (6)：31－37.

[76] 张辉．全球价值链下地方产业集群升级模式研究 [J]．中国工业经济，2005 (9)：11－19.

[77] 张会清，翟孝强．中国参与全球价值链的特征与启示——基于生产分解模型的研究 [J]．数量经济技术经济研究．2017，(12)：6－11.

[78] 张纪．产品内国际分工：动因、机制与效应研究 [D]．上海：上海社会科学院博士学位论文，2007.

[79] 张杰，刘东．我国地方产业集群的升级路径：基于组织分工架构的一个初步分析 [J]．中国工业经济，2006 (5)：45－55.

[80] 张杰，刘志彪．需求因素与全球价值链形成——兼论发展中国家的"结构封锁型"障碍与突破 [J]．中国工业经济，2007 (6)：1－11.

[81] 张明志．国际外包对发展中国家产业升级影响的机理分析 [J]．国际贸易问题，2008 (1)：42－48.

[82] 张其仔，比较优势的演化与中国产业升级路径的选择 [J]．中国工业经济，2008 (9)：58－69.

［83］张秋菊，孙赫．跨国外包的承接对我国工业行业技术进步的影响［J］．国际贸易问题，2009（8）：92－97.

［84］张向阳，朱有为．基于全球价值链视角的产业升级研究［J］．外国经济与管理，2005（5）：21－27.

［85］张小蒂，孙景蔚．基于垂直专业化分工的中国产业国际竞争力分析［J］．世界经济，2006（5）：31－42.

［86］张小蒂，赵榄．基于渠道控制的市场势力构建模式特征分析——以沃尔玛为例［J］．中国工业经济，2009（2）：131－140.

［87］张小蒂，朱勤．论全球价值链中我国企业创新与市场势力构建的良性互动［J］．中国工业经济，2007（5）：30－38.

［88］张晔，梅丽霞．网络嵌入、FDI 主导型集群与本土企业发展——以苏州地区自行车集群为例［J］．中国工业经济，2008（2）：122－131.

［89］赵桐，宋之杰．中国装备制造业的双重价值链分工——基于区域总产出增加值完全分解模型［J］．国际贸易问题．2018（11）：74－89.

［90］周申，李春梅．工业贸易结构变化对我国就业的影响［J］．数量经济技术经济研究，2006（7）：27－38.

［91］周申，杨传伟．国际贸易与我国就业：不同贸易伙伴影响差异的经验研究［J］．世界经济研究，2006（3）：18－24.

［92］卓越，张珉．全球价值链中的收益分配与"悲惨增长"——基于中国纺织服装业的分析［J］．中国工业经济，2006（1）：40－48.

［93］Abraham，Katharine G. 1990. "Restructuring the Employment Relationship：The Growth of Market-Mediated Work Arrangements." In New Developments in the Labor Market：Toward a New Institutional Paradigm，Cambridge，MA：MIT Press，pp. 85－119.

［94］Agrawal V.，Diana Farrell and Jaana K. Remes. 2003. "Offshoring and Beyond: Cheap Labor is the Beginning, Not the End." *McKinsey Quarterly*. (4): 24 -35.

[95] Amiti M., J. Konings. 2005. "Trade liberalization, Intermediate Inputs and Productivity: Evidence from Indonesia". *CEPR Discussion Paper* 5104.

[96] Amiti M., S. J. Wei. 2005. "Fear of Service Outsourcing: Is it Justified?". *Economic Policy*, 20: 308 -347.

[97] Amiti M., S. J. Wei. 2005. "Service Offshoring, Productivity and Employment: Evidence from the United States". *IMF Working Paper*, WP/05/238.

[98] Amiti M., S. J. Wei. 2006. Does Service Offshoring Lead to Job Losses? Evidence from the United States. Federal Reserve Bank of New York and CEPR International Monetary Fund, CEPR and NBER This version-December 3, 2006.

[99] Antrás P., E. Helpman. 2004. "Global Sourcing", Journal of Political Economy, 112, 552 -580.

[100] Aizcorbe Ana. 2005. "Moore's Law, Competition, and Intel's Productivity in the Mid -1990s." American Economic Review. 95 (2): 305 -308.

[101] Aizcorbe Ana., Stephen D. Oliner, and Daniel E. Sichel. 2006. "Shifting Trends in Semiconductor Prices and the Pace of Technological Progress." Paper presented at the NBER Summer Institute 2006 "Conference on Research on Income and Wealth," held in Cambridge, MA, July 17 -19. http://www. nber. org/confer/2006/si2006/prcr/oliner. pdf (accessed April 5, 2007).

[102] Baily, Farrell. 2004. "Exploding the Myths about Offshoring", McKinsey and Company.

[103] Baily, Lawrence. 2005. "Don' t Blame Trade for US Job Losses." The McKinsey. Quarterly.

[104] Baker G. P., T. N. Hubbard. 2003. "Make Versus Buy in Trucking: Asset Ownership", Job Design, and Information, American Economic Review, Vol. 93, No. 3.

[105] Bardhan A. D., C. Kroll. 2003. "The New Wave of Outsourcing." Fisher Center Research Reports, University of California, Berkeley.

[106] Barry F., J. Bradley. 1997. "FDI and Trade: The Irish Host-Country Experience." Economic Journal, Vol. 107, pp. 1798 – 1811.

[107] Bartelsman E. J., M. Doms. 2000. "Understanding productivity: lessons from longitudinal microdata." Journal of Economic Literature, Vol. 38, pp. 569 – 595.

[108] Bartel A., S. Lach and N. Sicherman. 2004. "Outsourcing and Technological Change". NBER working paper, No. 11158.

[109] Bartelsman E. et al. 2003. "Comparative Analysis of Firm Demographics and Survival: Micro – level Evidence for the OECD Countries." Working Paper, No. 348, Economics Department, OECD, Paris.

[110] Basu S., John Fernald, Jonas Fisher and Miles Kimball. 2005. "Sector Specific Technical Change," Paper presented at the NBER Summer Institute 2005 "Conference on Research on Income and Wealth," held in Cambridge, MA, July 25 – 26.

[111] Bernstein A. 2004. "Shaking up Trade Theory", Business Week, December 6. pp. 15 – 35.

[112] Bhagwati J., A. Panagariya and T. N. Srinivasan. 2004. "The Muddles over Outsourcing", The Journal of Economic Perspectives. pp. 38 – 56.

[113] Bivens J. L. 2005. "Truth and Consequences of Offshoring", Briefing Paper 155, Economic Policy Institute. pp. 43 – 76.

[114] Bolton P., M. D. Whinston. 1993. "Incomplete Contracts, Vertical Integration, and Supply Assurance". Review of Economic Studies, Vol. 60, Iss. 1.

[115] Brainard L., R. E. Litan. 2004. "Offshoring Service Jobs: Bane or Boon-and What to Do?" Policy Brief, No. 132, The Brookings Institutions.

[116] Baum C. F., M. E. Schaffer and S. Stillman. 2003. "Instrumental Variables and GMM: Estimation and Testing', Working Paper No. 545, Boston College.

[117] Bernard A. B., J. B. Jensen. 1999. "Exceptional ex (Porter, performance: Cause, effect, or both?", Journal of International Economics, Vol. 47, pp. 1 –25.

[118] Bernard A. B., J. Eaton, B. Jensen and S. S. Kortum. 2003. "Plants and productivity in international trade." American Economic Review, Vol. 93, pp. 1268 –1290.

[119] Bureau of Labor Statistics (BLS). 1996. "Inputs of Business Services." Unpublished document. 1997. BLS Handbook of Methods, BLS Bulletin 2490, April 1997.

[120] Dew-Becker, Ian and Robert Gordon. 2005. "Where Did the Productivity Growth Go? Inflation Dynamics and the Distribution of Income." NBER Working Paper No. 11842.

[121] Doms M. E., J. B. Jensen. 1998. "Comparing wages, skills, and productivity between domestically and foreign-owned manufacturing establishments in the United States." in: R. Baldwin, R. Lipsey and J. D. Richardson, eds., Geography and Ownership as Bases for Economic Accounting (Chicago: Chicago University Press), pp. 235 –255.

[122] Egger H., P. Egger. 2001a. "Cross – Border Sourcing and Out-

ward Processing in EU Manufacturing". The North American Journal of Economics and Finance.

[123] Egger H., P. Egger. 2006. "International outsourcing and the productivity of low-skilled labor in the EU". Economic Inquiry, Vol. 44, pp. 98 – 108.

[124] Egger P., M. Pfaffermayr and A. Weber. 2003. "Sectoral Adjustment of Employment: The Impact of Outsourcing and Trade at the Micro Level." IZA Discussion Paper, No. 921.

[125] Egger M., Y. Wolfmayr – Schnitzer. 2001. The international fragmentation of austrian manufacturing: the effects of outsourcing on productivity and wages. The North American Journal of Economics and Finance (12): 257 – 272.

[126] Feenstra R. C., G. H. Hanson. 1996. "Foreign investment, outsourcing, and relative wages", in Feenstra R. C., Grossman G. M. and Irwin D. A. (eds.), The Political Economy of Trade Policy, Cambridge MA: MIT Press, pp. 89 – 127.

[127] Feenstra R. C., G. H. Hanson. 1999. "The Impact of Outsourcing and High – Technology Capital on Wages: Estimates for the United States, 1979 – 1990", Quarterly Journal of Economics, Vol. 114, pp. 907 – 941.

[128] Feenstra R. C., G. H. Hanson. 1996. Globalization, outsourcing, and wage inequality. American Economic Review 86, 240 – 245.

[129] Feenstra R. C., G. H. Hanson. 2001. "Global production sharing and rising inequality: A survey of trade and wages". NBER Working Paper 8372.

[130] Fernandes A. M. 2003. "Trade policy, trade volumes and plant level productivity in Colombian manufacturing industries", World Bank

Working Paper 3006.

[131] Gereffi G. 1994. "The organization of buyer – driven global commodity chains: How, US retailers shape overseas production networks." In G. Gereffi & M. Korzeniewicz (Eds.), Commodity chains and global capitalism. London: Praeger.

[132] Gereffi G. 1999. "International trade and industrial upgrading in the apparel commodity chain. Journal of International Economics", 48, 37 – 70.

[133] Gereffi G., Kaplinsky R. 2001. "The value of value chains. Special issue of IDS Bulletin", Vol. 32.

[134] Gereffi G., J. Humphrey and T. Sturgeon. 2005. "The Governance of Global Value Chains, Review of International Political Economy" 12 (1) (February), pp. 78 – 104.

[135] Girma S., H. Görg and E. Strobl. 2004. "Exports, international investment, and plant performance: Evidence from a non – parametric test." Economics Letters, Vol. 83, pp. 317 – 324.

[136] Girma S., H. Görg. 2004. "Outsourcing, foreign ownership and productivity: Evidence from UK establishment level data." Review of International Economics, Vol. 12, pp. 817 – 832.

[137] Görg H., A. Hanley and E. Strobl. 2004. "Outsourcing, foreign ownership, exporting and productivity: An empirical investigation with plant level data." GEP Research Paper 08/04, University of Nottingham.

[138] Greenaway D., J. Gullstrand and R. Kneller. 2005. "Exporting does not always boost productivity." Review of World Economics, Vol. 141, pp. 561 – 584.

[139] Griliches, Zvi ed. 1992. "Output Measurement in the Service Sectors, NBER Studies in Income and Wealth", Vol. 56, (Chicago: Uni-

versity of Chicago Press).

[140] Grossman G. M., E. Helpman. 2005. "Outsourcing in a global economy", Review of Economic Studies, Vol. 72, pp. 135 – 159.

[141] Head K., J. Ries. 2002. "Offshore Production and Skill Upgrading by Japanese Manufacturing Firms", Journal of International Economics, Vol. 58, pp. 81 – 105.

[142] Helg R., L. Tajoli. 2015. "Patterns of International Fragmentation of Production and Implications for the Labour Markets", North American Journal of Economics and Finance, Vol. 16, Iss. 2.

[143] Helpman E., M. J. Melitz and S. R. Yeaple. 2004. "Export versus FDI with heterogeneous firms", American Economic Review, Vol. 94, pp. 300 – 316.

[144] Heshmati A. 2003. "Productivity Growth, Efficiency and Outsourcing in Manufacturing and Service Industries", Journal of Economic Surveys, Vol. 17, Iss. 1.

[145] Hijzen A. 2003. "Fragmentation, Productivity and Relative Wages in the UK: A General Equilibrium Approach". Royal Economic Society Annual Conference 2003, No. 108.

[146] Hijzen A., H. Görg and R. C Hine. 2003. "International Fragmentation and Relative Wages in the UK", IZA Discussion Paper No. 717.

[147] Hijzen A., H. Görg and R. C. Hine. 2005. "International outsourcing and the skill structure of labour demand in the United Kingdom", Economic Journal, Vol. 115, pp. 861 – 879.

[148] Holger Görg, Aoife Hanley. 2007. Eric Strobl Productivity effects of international outsourcing: Evidence from plant level data January.

[149] Holger Görg, Aoife Hanley. 2008. Labour Demand Effects of International Outsourcing: Evidence from Plant Level Data. NBER Working

Paper No. 11926. January.

[150] Hummels D., J. Ishii and K. – M. Yi. 2001. "The nature and growth of vertical specialization in world trade", Journal of International Economics, Vol. 54, pp. 75 – 96.

[151] Hummels K-M. Yi. 2001. "The nature and growth of vertical specialization in world trade". Journal of International Economics 54, 75 – 96.

[152] J. M. 2002. "Wooldridge. Econometric Analysis of Cross – section and Panel Data." MIT Press, Massachusetts.

[153] K. B. Olsen. 2006. "Productivity impacts of offshoring and outsourcing: a re-view". STI WP, (1).

[154] Levinsohn J., A. Petrin. 2003. "Estimating Production Functions Using Inputs to Control for Unobservables", Review of Economic Studies, Vol. 70 (2), pp. 317 – 342.

[155] Linda Andersson, Patrik Karpaty. 2008. "Offshoring and Relative Labor Demand in Swedish Firms". American Economic Review 6, 241 – 245. February 19.

[156] Liu B. J., A. C. Tung. 2004. "Export Outsourcing and Foreign Direct Investment: Evidence from Taiwanese Exporting Firms", Dynamics, Economic Growth, and International Trade, conference paper.

[157] Loecker J. K. De, J. Konings. 2004. "Creative Destruction and Productivity Growth in an Emerging Economy: Evidence from Slovenian Manufacturing", No 4238, CEPR Discussion Papers.

[158] Manuel Artís, Raúl Ramos, Jordi Suriñach, Job Losses, Outsourcing and Relocation: Empirical Evidence Using Microdata 2006 – 05.

[159] Maren Lurweg, Andreas Westermeier. 2009. Jobs Gained and Lost through Trade-The Case of Germany. CAWM Discussion Paper No 18 April.

[160] Markus Diehl. 1999. "The Impact of International Outsourcing on the Skill Structure of Employment: Empirical Evidence from German Manufacturing Industries". American Journal of Economics and Finance12, 243 –256.

[161] Martin Falk, Yvonne Wolfmayr. Services and materials outsourcing to low-wage countries and employment: Empirical evidence from EU countries. BEA Working Paper. WP2004 –06. July 16.

[162] Matthew Dey, Susan Houseman Anne Polivka Manufacturers' Outsourcing to Employment Services Upjohn Institute Staff Working Paper No. 07 –132December 2006.

[163] Meenakshi Rishi, Sweta C. Saxena. 2007. Is Outsourcing Really as Bad as It Is Made To Sound? Economic Policy (42), 308 –348.

[164] McCracken, Jeffrey. 2007. "Tough Talks: Desperate to Cut Costs, Ford Gets Union's Help; On Factory at a Time UAW Votes Givebacks Members Long Resisted". Wall Street Journal, March 2, A: 1.

[165] Kasahara H., J. Rodrigue. 2005. "Does the use of imported intermediates increase productivity? Plant-level evidence", mimeo, Queen' s University, Kingston.

[166] Kurz C. J. 2006. "Outstanding outsourcers: A firm and plant level analysis of production sharing", Working Paper, Federal Reserve Board, Washington DC.

[167] Runjuan Liu, Daniel Trefler. 2006. "The Impact of Service Offshoring and Inshoring on the U. S. Labor Market". Quarterly Journal of Economics 107 (1), 255 –284.

[168] Schmitz H. 1999b. Global competition and local co-operation: Success and failure in the Sinos Valley, Brazil. World Development, 27 (9), 1627 –1650.

[169] Schmitz H. (Ed.) 2004. Local enterprises in the global economy: Issues of governance and upgrading. Ed – ward Elg.

[170] S. Mun, M. I. Nadiri. 2002. Information technology externalities: empirical evidence from 42 u. s. industries. NBER WP, (9272), October.

[171] Strauss-Kahn V. 2003. "The role of globalization in the within-industry shift away from unskilled workers in France." NBER Working Papers 9716.

[172] Sturgeon, Tand R. Florida. 2004. "Globalization, deverticalization and employment in the motor vehicle industry". In M. Kenney and B. Kogut, Creating Global Advantage. Stanford, CA: Stanford University Press.

[173] Sturgeon, Timothy and Ji-Ren Lee. 2005. "Industry Co Evolution." Building Competitive Strengths in a New International Economy. New York, London: M. E. Sharpe, pp. 33 – 75.

[174] Susan Houseman. 2008. Outsourcing, Offshoring, and Productivity Measurement in U. S. Manufacturing Upjohn Institute Staff Working Paper No. 06 – 130.

[175] Thijs ten Raa, Edward N. Wol Outsourcing of Services and the Productivity Recovery in U. S. Manufacturing in the 1980s and 1990s.

[176] Z. Siegel, Grieliches. 1991. Purchased services, outsourcing, computers and productivity in manufacturing. NBER WP, (3678), April.